Andreas Barton

So verbessert man
sein Segelboot

Andreas Barton

So verbessert man sein
Segelboot
111 Tips für Tüftler

BLV Verlagsgesellschaft
München Wien Zürich

CIP-Kurztitelaufnahme der Deutschen Bibliothek

Barton, Andreas:
So verbessert man sein Segelboot: 111 Tips für
Tüftler/Andreas Barton. – München; Wien;
Zürich: BLV Verlagsgesellschaft, 1983.
  ISBN 3-405-12792-0

Bildnachweis:

Andreas Barton: S. 2, 8/9, 72/73
Hellmut Hintermeyer: S. 6, 32/33, 38/39, 47, 63, 93

Grafik: Andreas Barton

Gesamtherstellung: Friedrich Pustet, Regensburg
Printed in Germany · ISBN 3-405-12792-0

Inhaltsverzeichnis

Vorwort

Früher habe ich mich oft gewundert, daß bei schönstem Segelwetter viele Segler auf ihren im Hafen festgemachten Booten herumwerkelten, Beschläge abschraubten und an anderer Stelle wieder anbrachten, Leinen anders führten und neue Blöcke ausprobierten, an den Wantenspannern drehten und irgendwo Löcher bohrten. Andere saßen einfach sinnend in der Plicht, bis sie schließlich hektisch aufsprangen und Werkzeug herbeiholten.
Heute bin ich selbst Segler, und es geht mir nicht anders als denen, über die ich mich damals wunderte.
Die meisten Segler sind große Tüftler, Bastler und Perfektionisten. Daß heutzutage Boote als »komplett segelfertig« angeboten werden, die gerade schwimmen und bei schönem Wetter auch segeln können, deren Ausrüstung und Einrichtung aber den wirklichen Anforderungen nicht genügt, kommt dieser Art Seglern sehr entgegen. Und erst nach einer langen Zeit der Überlegungen, Planungen, Erfahrungen, der Entwicklung und Verwirklichung von Details, der Um- und Einbauten im Serienschiff kann der Eigner von »seinem« Boot sprechen. Das heißt aber nicht, daß damit die Phase des Tüftelns und Verbesserns abgeschlossen ist. Eigentlich besteht das seglerische Leben dieser Leute aus der ständigen Suche nach dem perfekten Detail.
Für diese Segler ist meine kleine Sammlung von Tips und Tricks zusammengestellt. Natürlich lassen sich nicht alle Vorschläge auf allen Booten sinnvoll anwenden, aber man kann sicher zumindest Anregungen für eigene Entwicklungen entnehmen.
Viele Dinge werden von erfahrenen Seglern auch als »alter Hut« abgetan werden, aber denken wir daran, wie wir einmal angefangen haben und froh um jeden Tip waren, der uns den Umgang mit unserem Boot und das Leben an Bord erleichtert hat.

Andreas Barton

An Deck

In der Praxis des Segelns zeigt sich bei einem neuen Boot zuallererst, ob Deck und Rigg sinnvoll und vollständig ausgerüstet sind.

Kleine und einfache Änderungen und Ergänzungen dienen oft nicht nur der Bequemlichkeit, sondern auch der Sicherheit an Bord.

Andere Dinge sind einfach nur störend und lästig. Sie können oft ganz leicht geändert und verbessert werden, man muß nur wissen, wie.

Niederholer

Für den Fahrtensegler ist wichtig, daß alle Beschläge und Einrichtungen richtig angeordnet, ausreichend dimensioniert und übersichtlich placiert sind.

Die Anzahl der Trimmeinrichtungen wird auf das Notwendigste beschränkt bleiben. Je mehr Beschläge montiert werden und je komplizierter die Einrichtungen sind, desto anfälliger ist schließlich das Boot.

Alle Fahrtensegler sollten aber dennoch von den oft belächelten Regattaseglern eine Einrichtung übernehmen, die längst nicht auf allen Booten selbstverständlich ist: den Baumniederholer.

Abb. 1 und 2 zeigen seine Wirkung: Der Niederholer hindert auf Raumschot-Kursen den Großbaum am Steigen. Dadurch werden nicht nur Patenthalsen eher vermieden, sondern das Großsegel steht auch wesentlich besser und erzeugt mehr Vortrieb.

Die Montage ist sehr einfach. Am Mastfuß und am Großbaum werden Schot-Hänger angeschraubt oder angenietet und dazwischen eine Talje gesetzt. Über einen zusätzlichen Block an Deck kann die Leine zum Cockpit umgelenkt werden (Abb. 3).

Wenn Ihr Boot kein Bindereff, sondern eine Rollreff-Einrichtung hat, kann statt des fest angebrachten Baumbeschlags

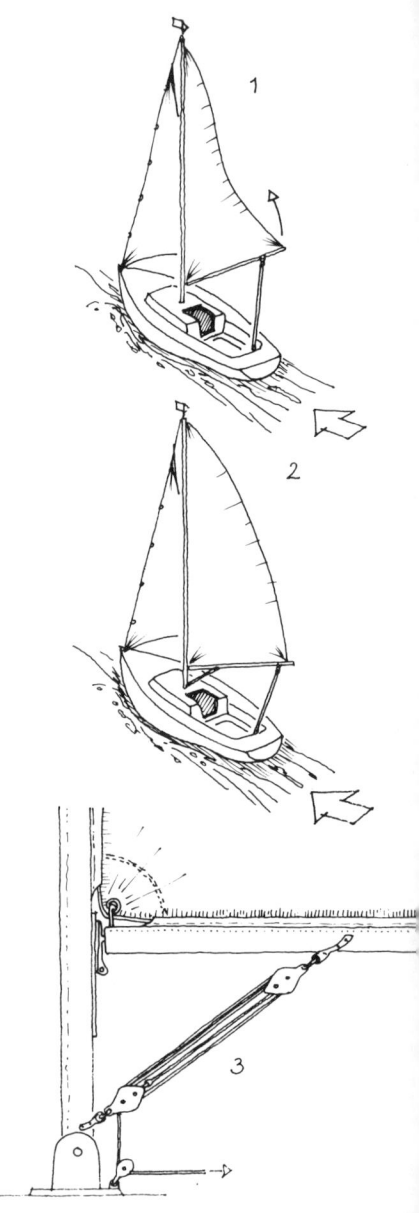

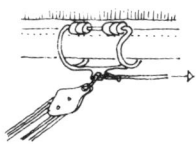

auch ein Schotwagen verwendet werden. Er muß in seiner Stellung durch eine Leine zum Nockbeschlag des Großbaums gehalten werden.

Kurze Großschot

Diese Idee wurde ebenfalls von Regattaseglern entwickelt, ist aber für jeden Segler nachahmenswert.

Der obere Block der Großschot-Talje ist nicht direkt am Großbaum angeschlagen, sondern es wird ein Drahtstropp mit zwei Kauschen dazwischengesetzt. Dadurch erzeugt die Großschot weniger Windwiderstand, was natürlich für Regattasegler besonders wichtig ist. Vor allem aber kommt man mit einer wesentlich kürzeren Großschot aus. Das ist besonders angenehm bei vielen Manövern, weil weniger Schot durchzuholen ist bzw. das Dichtholen des Großsegels viel schneller geht.

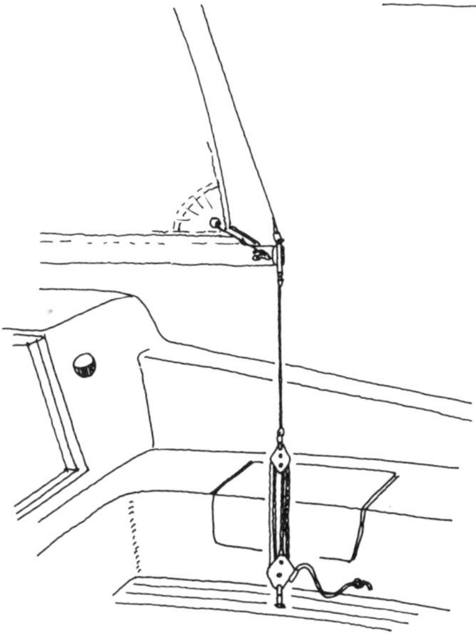

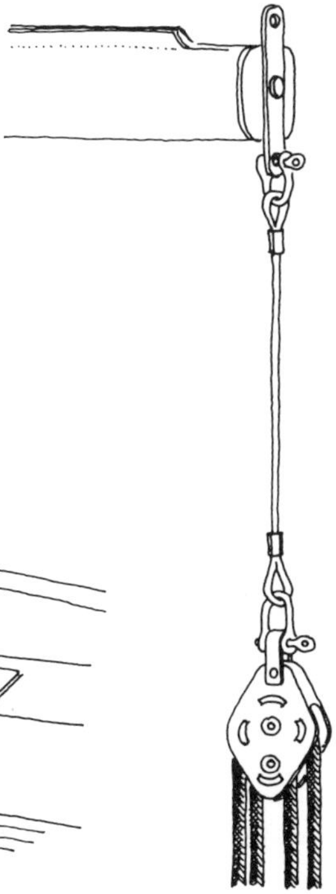

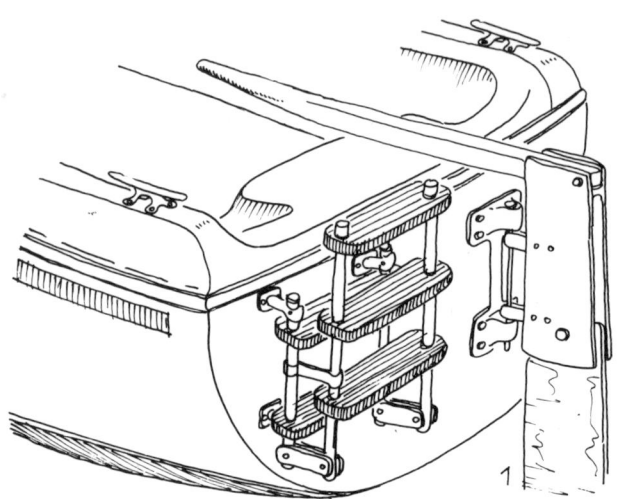

1

Badeleiter-Montage

Diese Überschrift ist eigentlich
falsch. Badeleitern sollten viel-
mehr »Sicherheits-Leitern« hei-
ßen, weil sie einem Überbord-
gegangenen auch bei schwe-
rem Wetter das Zurückklettern
ermöglichen. In der letzten Zeit
haben einige tödliche Unfälle
gezeigt, wie wichtig eine solche
Einrichtung ist.
Bei der Montage am Heck sollten Sie die gesamte Höhe des
Spiegels ausnutzen, damit eine
möglichst lange Leiter verwendet werden kann (Abb. 1). Der
untere, hochklappbare Teil kann
auch länger als das Oberteil
sein und nach oben über-
stehen.
Natürlich ist zu beachten, daß
die Leiter nicht zu dicht am
Ruder angebracht wird, um den
Ruderausschlag nicht zu behin-
dern (Abb. 2).

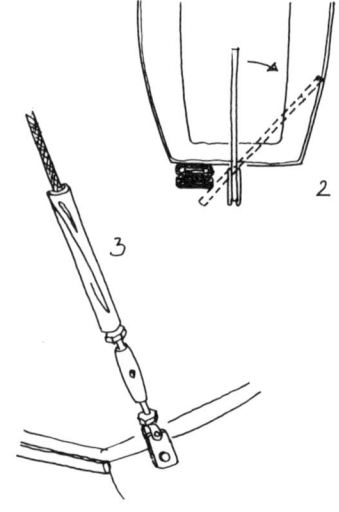

2

3

Hat Ihr Boot ein Achterstag,
können Sie dieses mit einem
PVC-Schlauch überziehen,
damit man sich beim An-Bord-
Klettern besser festhalten kann
(Abb. 3).

Saling-Sicherungs-Systeme

Am dritten Segeltag der vergangenen Saison bekam ich einen großen Schreck, als ich nach einer Wende merkte, daß das Luv-Toppwant nicht mehr durch die Saling lief und sich der Masttopp bedrohlich nach Lee bog. Schnelles Auffieren und erneutes Überstaggehen verhinderten Schlimmes.

Ich hatte also versäumt, nach den ersten Segelstunden die Wantenspanner nachzudrehen. Vorbeugend sollten aber die Wanten an den Salings gesichert werden – längst nicht auf jedem Boot selbstverständlich (Abb. 1). Dazu sind hier die Möglichkeiten dargestellt, den Saling-Nockbeschlag mit Tape zu umwickeln (Abb. 2), oder auch einfach eine Blechschraube durch den Kunststoff-Beschlag zu drehen (Abb. 3). Gefährlich kann auch eine ungenügende Sicherung der Wantenspanner-Bolzen sein. Büroklammern eignen sich dafür nicht! Besser verwendet man Stahl-Sicherungsringe (Abb. 4). Diese sollten innen an den Püttings sitzen, damit die Fockschot sich nicht verhaken und so die Ringe aufbiegen kann (Abb. 5).

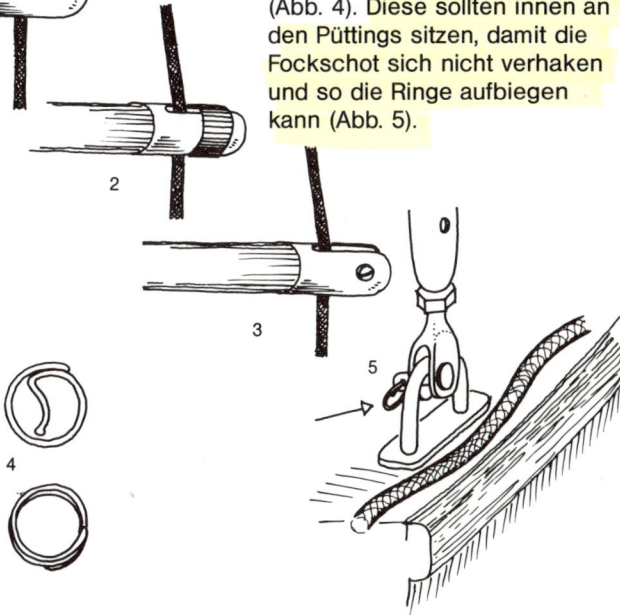

1

2

3

4

5

13

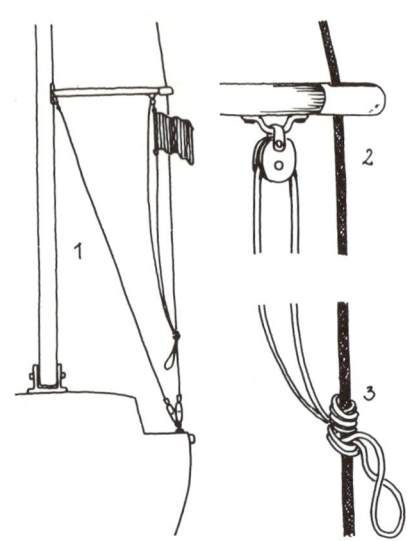

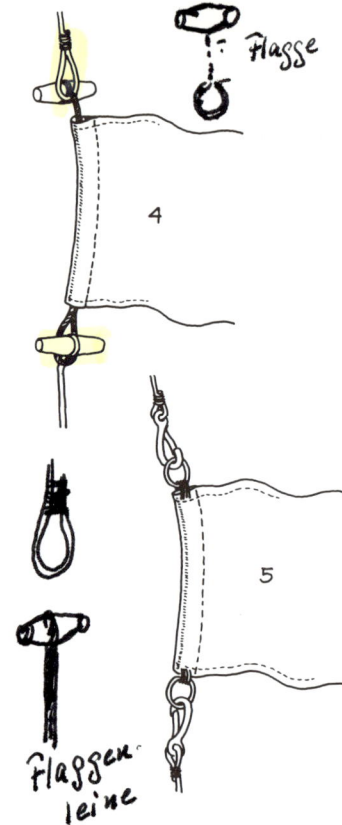

Flaggenleinen

Die »Yachtgebräuche« schreiben vor, daß Mitglieder des Kreuzerverbands dessen Flagge unter der Steuerbord-Saling führen sollen. Hat das Boot in einem ausländischen Hafen festgemacht, wird die Flagge des Kreuzerverbands an Backbord gesetzt und an Steuerbord nun die »Gastflagge« des betreffenden Landes.

Auf vielen Schiffen wird aber der yachtgebrauch-bewußte Segler vergeblich nach entsprechenden Vorrichtungen zum Vorheißen der Flaggen suchen. Die Zeichnungen 1 bis 3 zeigen, wie man Flaggenleinen anbringt: An der Saling-Unterseite, innerhalb des Wants (damit sich die Fock nicht verhakt), wird ein einfacher Bügel angenietet oder

-geschraubt. An diesem wird ein kleiner Block befestigt, durch den die Flaggenleine geschoren wird. An Deck benötigt man keinen besonderen Beschlag, es reicht aus, die Leine mit einem Stopperstek am Want anzuknoten.

Die Flaggen selbst werden mit Knebeln aus Holz oder Kunststoff (Abb. 4) oder mit kleinen Karabinerhaken (Abb. 5) angebracht.

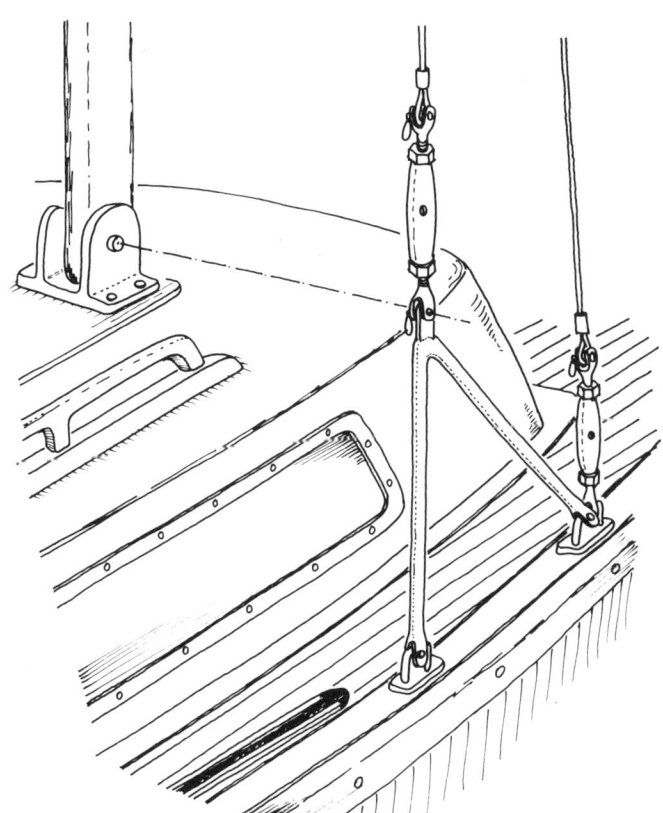

Mastlegen – vereinfacht

Wer auf seinem Boot oft den Mast legen muß, kennt die Probleme: Wantenspanner aufdrehen und von den Püttings abnehmen, dabei Bolzen und Sicherungsringe verlieren, beim Mastlegen bangen, weil die seitliche Führung durch die Wanten fehlt und so weiter.

Bei der hier gezeigten Lösung können die Oberwanten angeschlagen bleiben, nur die vorderen Unterwanten müssen abgenommen werden. Auf die Püttings wird dazu ein Gestell aus Stahlrohr gesetzt. Der neue Befestigungspunkt für das Oberwant muß in der gleichen Höhe liegen wie der Drehpunkt des Mastes. Die Oberwanten müssen entsprechend gekürzt werden.

So spart man sich einen Teil der lästigen Fummelei, und der Mast wird beim Legen sicher durch die Toppwanten gehalten und geführt.

Klar zur Wende

Sogar auf Regattabooten sieht man es oft: Die Wende wird eingeleitet, das Boot geht durch den Wind, die Fock killt, und dann verhakt sich die Fockschot oder die Regulierleine an irgendeinem Beschlag am Mastfuß. Die hektische Turnerei zum Vorschiff geht los, die Fock wird klariert, und der Erfolg ist Fahrtverlust und verlorene Höhe. Abhilfe schafft ein einfacher Stropp aus Tau oder Draht, der als »Schot-Abweiser« dient (1). Er wird zwischen einem Mastbeschlag (2) und einem Deckbeschlag (3) angebracht, aber so, daß er gut unter Spannung steht. Auch eine kräftige Gummi-Leine hat sich dafür schon bewährt.

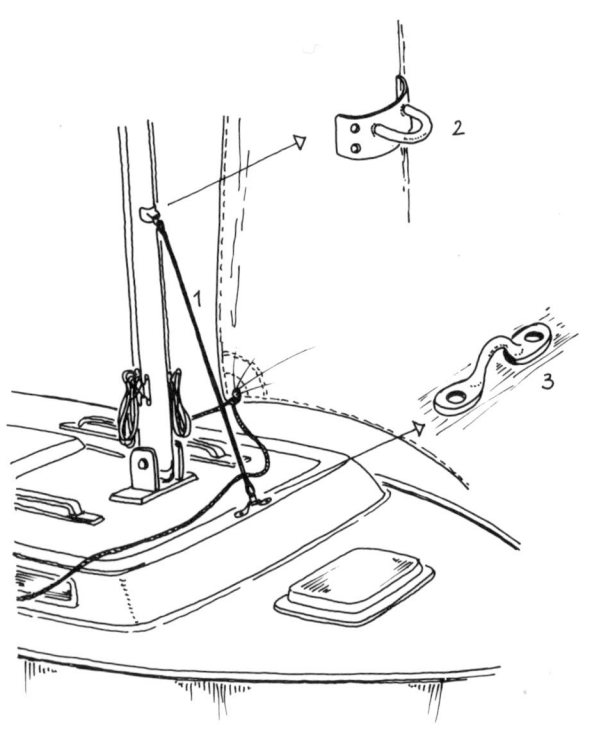

Spi-Schot-Bügel

Ähnlich peinlich wie die am Mastfuß vertörnte Fockschot ist es, wenn nach dem Spinnaker-Bergen die Schot nicht sofort wieder dichtgesetzt werden kann, vor dem Steven herunterrutscht und vom Boot überfahren wird. Das geschieht oft auf Booten, deren Vorstag-Beschlag weit vorn sitzt.

Hier kann man sich aus Stahldraht von 3 bis 4 mm Stärke einen ausreichend langen Bügel zurechtbiegen, der mit einer der Schrauben des Vorstag-Beschlags angebracht wird. Das freie Ende dieses Bügels sollte zur Öse umgebogen werden, damit Besatzung und Segeln keine Verletzungen drohen.

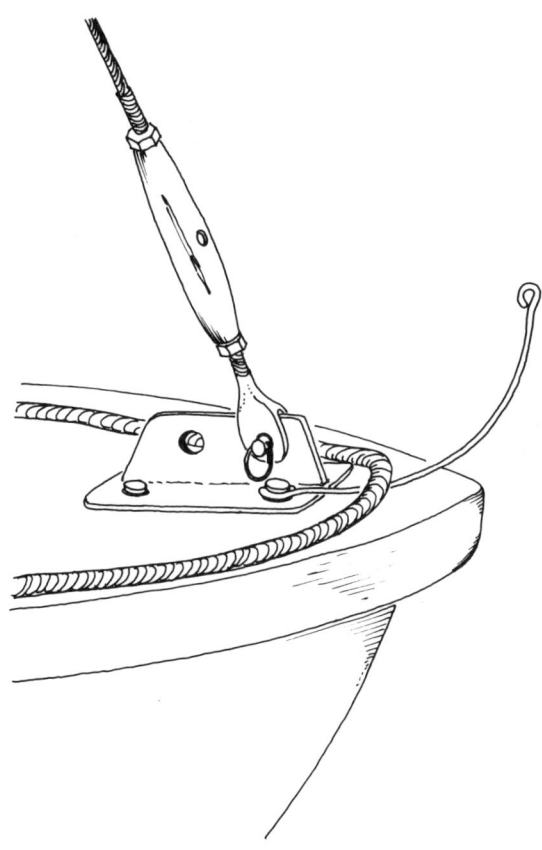

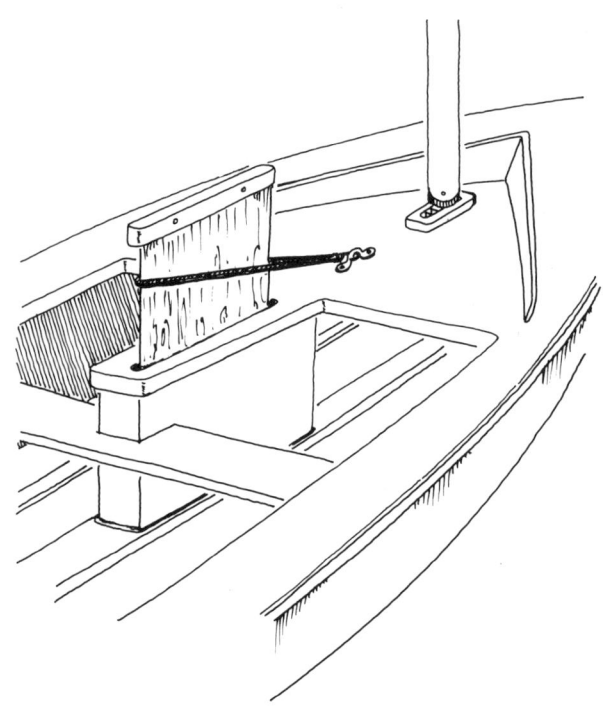

Schwerter fest

Viele einfache kleine Jollen haben Steckschwerter, die sich nur senkrecht nach oben aus dem Schwertkasten herauszie-hen lassen. Weil bei diesen ein-fachen Systemen auch meist der Schwertkasten nicht mit Gummi-Lippen abgedichtet ist, kann das Schwert in hochge-holter Stellung vor dem Wind oder beim An-den-Strand-Segeln nicht fixiert werden. Vor 15 Jahren hatte ich für diese Gelegenheiten auf mei-nem Vaurien einen einfachen Holzkeil, mit Bändsel gesichert, der zwischen Schwert und Schwertkasten-Innenseite gesteckt wurde. Beim nassen Segeln war der Keil dann schnell aufgequollen und nur noch mit roher Gewalt heraus-zubringen.

Zweckmäßiger ist ein Gummi-stropp, der, wie die Abbildung zeigt, als Schlaufe um das Schwert herumläuft und unter Spannung an einem Beschlag vor dem Schwertkasten belegt wird. So wird das Schwert in jeder Stellung festgehalten.

Gummistropps

Eine wertvolle Hilfe in vielen
Segler-Lebenslagen sind Gummistropps, die der Zubehörhandel in allen möglichen Ausführungen anbietet.
Zum Auftuchen des Großsegels
am Großbaum (Abb. 1) haben
sie inzwischen das gute alte
Bändsel aus Segeltuch ersetzt.
Abb. 2 zeigt trotzdem zur Erin-
nerung, wie das mit dem Bändsel geht.
Auch zum Abhalten der Fallen
vom Mast werden Gummi-
stropps eingesetzt, um das
lästige Klappern zu vermeiden
(Abb. 3).
Die Zeichnungen 1A, B und C
zeigen einige der verschiedenen Ausführungen von Gummistropps, mit Kunststoffhaken,
Kugel und Knebel.
Alle Arten sind aber mit großer
Vorsicht zu genießen: Wenn der
Verschluß zum Beispiel beim
Sichern des Großsegels nicht
ganz richtig eingehakt ist, kann
so ein Gummistropp mit sehr
großer Gewalt um sich schlagen
(Abb. 4). Seien Sie hierbei also
vorsichtig, Ihre Brillengläser und
Augen danken es Ihnen.

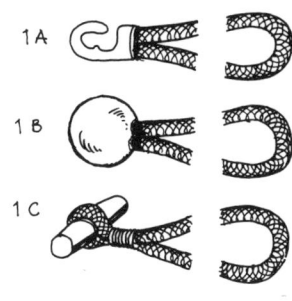

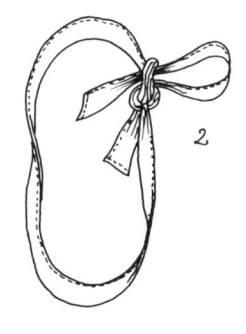

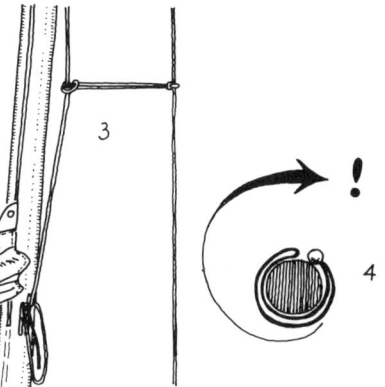

Fallen entklappert

Nicht nur für eine ungestörte Nachtruhe, sondern auch zur Schonung des Mastes sollten die Fallen vom Mast Abstand haben, wenn das Boot im Hafen, vor Anker oder an der Boje liegt.

Abb. 1 zeigt eine elegante Möglichkeit, bei der eine kleine Rolle an der Saling angeschraubt wird, hinter der die Fallen geführt werden (A).

Abb. 2 zeigt, wie ein Gummistropp die Fallen auf Abstand hält (B).

Das Fall selbst wird mit einem Knoten (C) versehen, das lose Ende wird an der Mastklampe belegt.

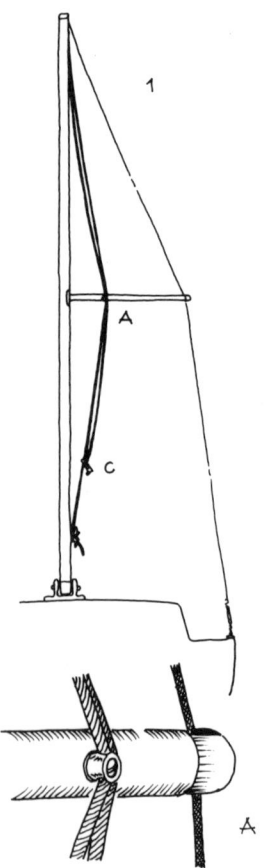

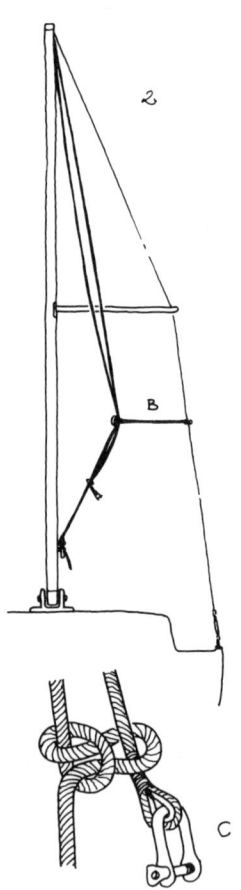

Dirk mit Gummistropp

So nützlich die Dirk beim Reffen und beim Segelbergen ist, so lästig ist sie oft beim Segeln, weil sie hin- und herschlägt und am Mast klappert.

Die Zeichnung zeigt eine Methode zur Schonung Ihrer Nerven. Ein kurzer Gummistropp wird so hoch über dem Groß-baum mit einer Schlinge um die Dirk befestigt, daß er die Lose aus der Dirk herauszieht und sie unter Spannung hält.

Wird die Dirk belastet, dehnt sich der Gummistropp, und die Dirk selbst übernimmt die tra-gende Funktion.

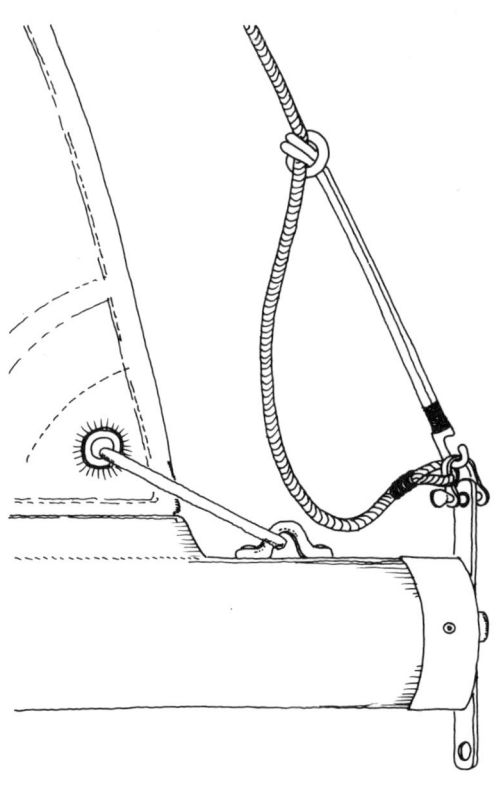

Andere Dirk-Methoden

Abb. 1 zeigt, wie die Dirk auch auf andere Weise daran gehindert werden kann, nervtötend zu klappern: Vom Nockbeschlag des Großbaums (A) wird sie nach vorn zum Mast geholt und dort durch einen Reffhaken (B) geführt. Dann wird die Dirk durchgesetzt und an der Mastklampe (C) belegt. Beim Reffen oder Segelbergen braucht die Dirk nur aus dem Reffhaken losgeworfen und die Lose durchgeholt zu werden.

Eine weitere Methode zeigt die Abb. 2. Hier wird die Dirk am Mastfuß ständig fest belegt gefahren, die Spannung der Dirk wird von der Plicht aus reguliert, indem man an der Großbaumnock eine Curry-klemme mit Auge anschraubt, durch welche die Dirk läuft.

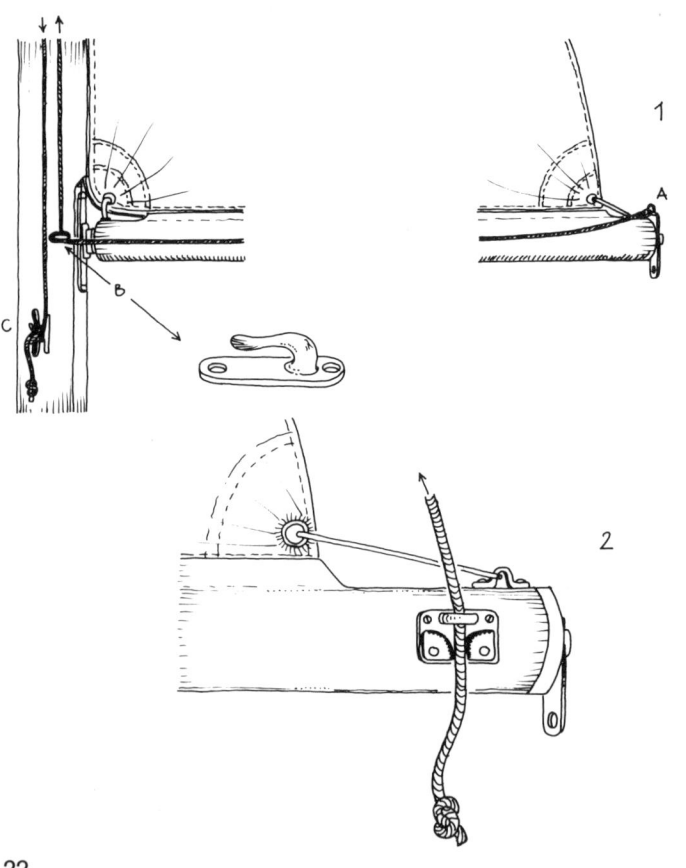

Pinnen-Arretierung

Bei vielen Manövern und auch beim Pfeifenstopfen ist man gezwungen, die Pinne kurzzeitig loszulassen. Damit das Boot nicht sofort aus dem Kurs läuft, muß die Pinne festgesetzt werden. Dazu gibt es im Zubehörhandel aufwendige Systeme verschiedenster Art.
Eine ganz einfache Methode zeigt Abb. 1, die man auf kleinen Jollen anwenden kann. Ein Gummistropp (A) wird unter der Pinne zwischen zwei Beschlägen (B) und (C) quer durch die Plicht gespannt (D). Zum Festsetzen der Pinne wird er einfach über die Pinne gelegt. Durch die Reibung hält die Pinne fest, und die Ruderlage kann sehr genau eingestellt werden.
Auf größeren Booten treten an der Pinne höhere Kräfte auf. Hier wird eine Leine auf der einen Seite des Cockpits an einem Beschlag (A) befestigt, einmal um die Pinne herumgelegt und auf der anderen Seite des Cockpits in einer Klemme (B) belegt.

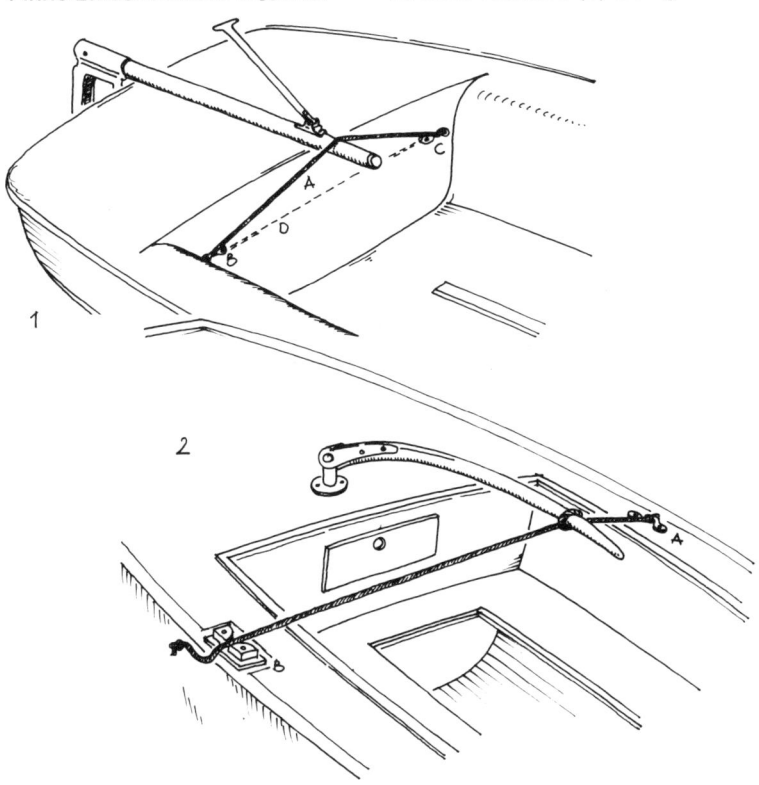

Not-Pinne

Eine gute Idee habe ich schon auf vielen französischen Jollen gesehen: Im Spiegel ist seitlich neben dem Ruderbeschlag eine Aussparung vorgesehen, die das Paddel aufnehmen kann. Bei Flaute kann man so nach Hause »wriggen«, und bei Ruder- oder Pinnenbruch kann man das Paddel als Not-Ruder verwenden.

Diese Idee können Sie noch perfektionieren, wenn Sie für das Paddel noch eine Sicherung einbauen – wichtig vor allem bei der Verwendung als Not-Ruder. Die Sicherung besteht aus einem Streifen aus Metall oder Kunststoff, der auf der einen Seite der Aussparung drehbar angeschraubt wird und auf der anderen Seite einen Schlitz erhält, mit dem er in eine weitere Schraube einrastet.

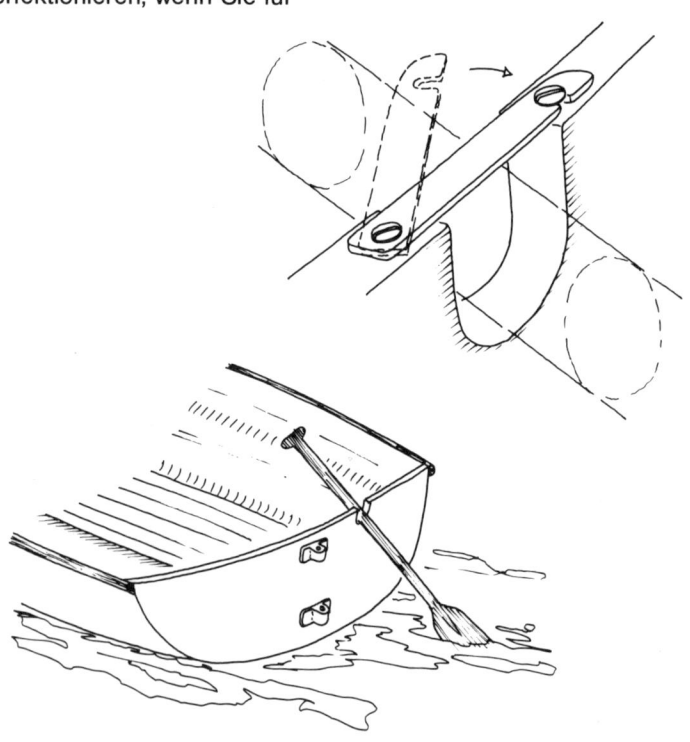

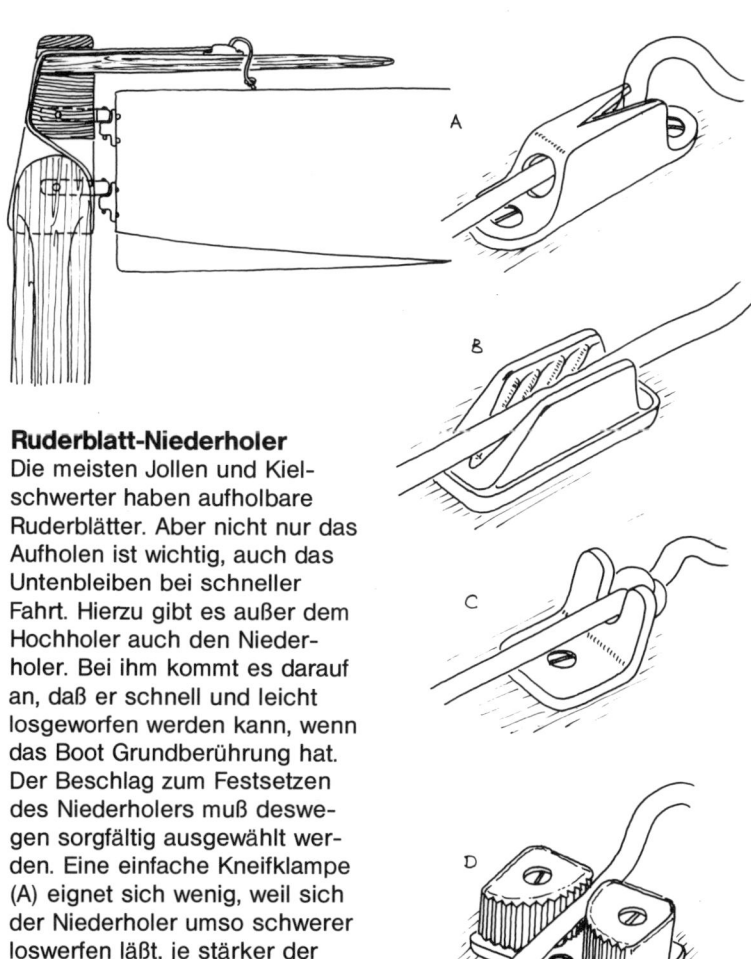

Ruderblatt-Niederholer

Die meisten Jollen und Kiel-
schwerter haben aufholbare
Ruderblätter. Aber nicht nur das
Aufholen ist wichtig, auch das
Untenbleiben bei schneller
Fahrt. Hierzu gibt es außer dem
Hochholer auch den Niederholer. Bei ihm kommt es darauf
an, daß er schnell und leicht
losgeworfen werden kann, wenn
das Boot Grundberührung hat.
Der Beschlag zum Festsetzen
des Niederholers muß deswegen sorgfältig ausgewählt werden. Eine einfache Kneifklampe
(A) eignet sich wenig, weil sich
der Niederholer umso schwerer
loswerfen läßt, je stärker der
Zug ist. Besser ist eine Kamm-
klemme (B) oder auch ein einfacher Metallwinkel mit Kerbe
(C), in die der Niederholer mit
einem Knoten eingehängt werden kann. Die Beschläge A, B
und C können an der Pinne
selbst angebracht werden. Die
Curryklemme (D), aus der sich

Leinen auch unter starkem Zug
leicht loswerfen lassen, muß
wegen der breiten Grundplatte
auf dem Achterdeck befestigt
werden.

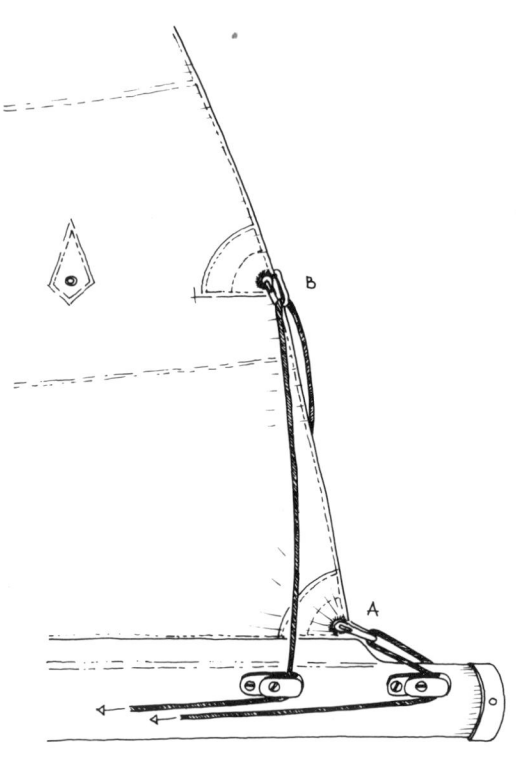

Leichteres Segelsetzen

Wie oft habe ich mich früher über die Fummelei beim Setzen des Großsegels geärgert! Der Unterliekstrecker mußte jedesmal neu eingeschoren werden, und das Schmeerreep des Bindereffs ebenso – man ist ja ein vorsichtiger Segler und bereitet schon beim Segelsetzen ein eventuell notwendiges Reffen vor.

Zwei Schlüsselschäkel haben das alles vereinfacht, wie in der Zeichnung zu sehen ist. Die Schäkel bleiben immer am Unterliekstrecker und am Schmeerreep dran, sie werden beim Segelsetzen nur in die Kauschen eingehängt. Erfreulicher Nebeneffekt: Die Leinen gleiten durch die Schäkel besser als durch die Kauschen im Segel.

Reffbändsel

Bekanntlich wird beim Bindereff das Großfall gefiert, bis die Reffkausch am Vorliek des Großsegels im Baumbeschlag eingehakt werden kann, und am Achterliek wird das Schmeerreep durchgeholt. Jetzt bildet der untere Teil des Großsegels eine Tasche, die mit den Reffbändseln am Baum festgemacht wird.

Auf traditionellen Yachten werden diese Reffbändsel ständig im Segel gefahren, aber viele Segler scheren sie auch erst beim Reffen ein. Hierzu ein Tip: In die Reffbändsel wird ein Palstek geknotet, der in den Kauschen im Segel einen Anschlag bildet. Dann kann das lose Ende der Bändsel um das Segel herumgeführt, dichtgeholt und in dem Auge des Palsteks mit einem Slipstek belegt werden.

Dingi-Tritt

Wenn Sie Ihr Boot an einer Boje liegen haben, können Sie sicher ein Lied davon singen, wie beschwerlich es oft ist, vom Beiboot aus an Bord zu kommen. Das gilt erst recht für unerfahrene Mitsegler.

Eine große Hilfe ist mein »Dingi-Tritt«. Ein Holzbrett (A) wird an den vier Ecken durchbohrt, und zwei Leinen mit Hahnepot (B) werden durchgezogen und mit Achtknoten (C) gesichert. Die Leinen (B) müssen genau in der Länge abgemessen werden, so daß die Augen über Decksbeschläge wie Poller, Klampen, Winschen gelegt werden können und die Trittstufe in der richtigen Höhe waagrecht hängt.

Zur Schonung der Bordwand schrauben Sie dann noch seitlich an die Trittstufe zwei Gummipuffer (D) an.

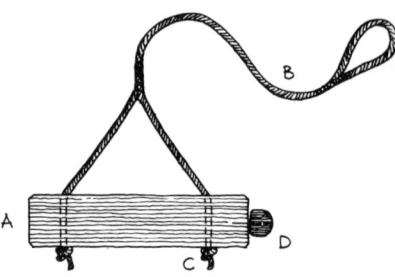

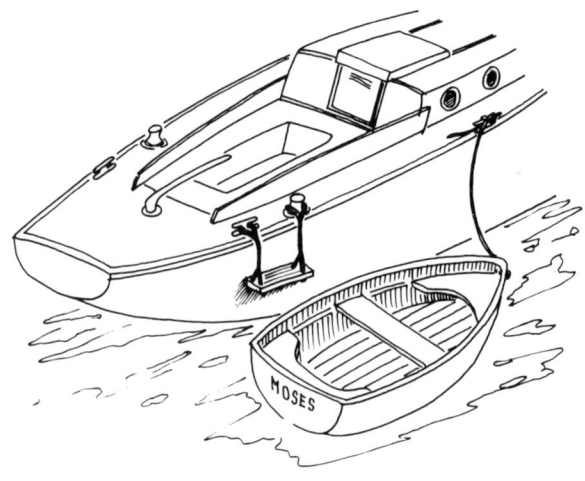

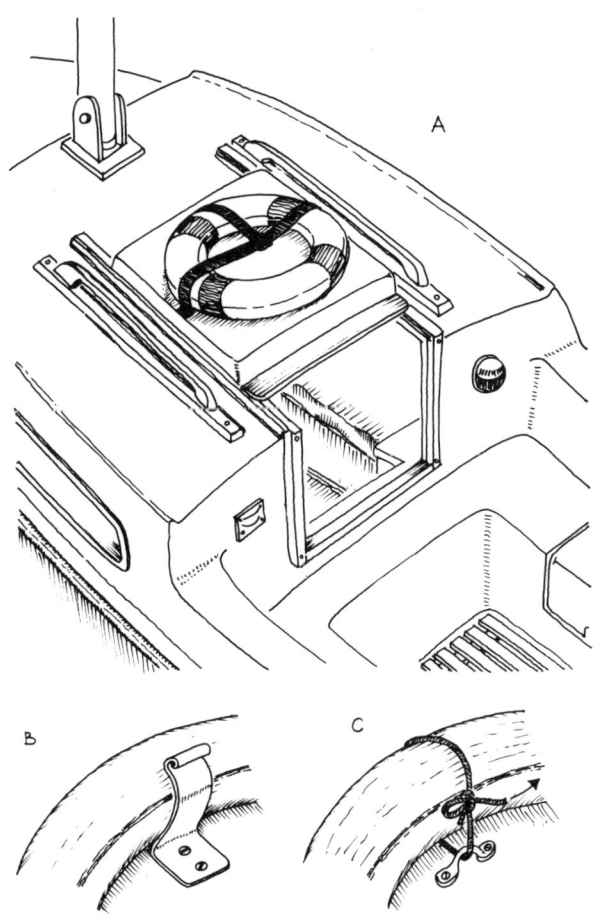

A

B

C

Wohin mit dem Rettungsring?

Rettungsringe oder Rettungs-Hufeisen müssen leicht und schnell erreichbar sein. Im Notfall kann man nicht erst lange in der Backskiste suchen oder Sicherungsleinen aufknoten. Auf kleinen Yachten ist ein guter Ort für den Rettungsring das Schiebeluk. Hier ist er an zentraler Stelle untergebracht und leicht erreichbar. Gesichert wird auf verschiedene Arten: in einer Gurt-Tasche (A), mit Stahl-blech-Streifen, zwischen die der Ring geklemmt wird (B), oder mit Bändseln und Slipstek (C).

Schiebeluk-Dichtung

Wasser sucht sich überall seinen Weg – nicht nur im Bereich des Unterwasserschiffs, sondern – was oft mindestens genauso ärgerlich ist – als Regen- oder Spritzwasser an Deck, Aufbauten, Luken und Fenstern.

Schiebeluks in einfacher Konstruktion ohne »Garage« sind meist eine Quelle ständiger Leckagen. Die Aufkantung des Ausschnitts im Kajütdach ist hier (Abb. 1) nicht hoch genug, so daß Spritz- und Regenwasser bei Wind von vorn in die Kajüte eindringen kann. Die Abb. 2 zeigt die Abhilfe: Ein breiter Streifen aus Moosgummi (A) wird von innen mit einer Aluminium-Leiste (B) und Schraubbolzen (C) an der Vorderseite des Schiebeluks (D) befestigt. Es ist darauf zu achten, daß die Moosgummi-Dichtung lang genug ist, so daß sie sich beim Vorschieben des Luks nicht zwischen Schiebeluk und Deck (E) verklemmt. Außerdem muß die Dichtung seitlich möglichst eng an den Führungsschienen des Schiebeluks anliegen (Abb. 3).

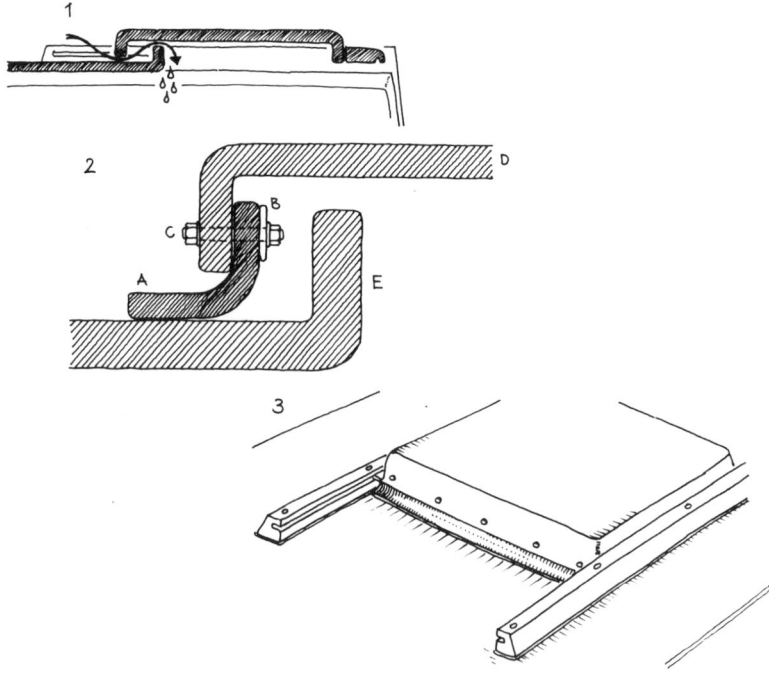

Hilfe auf dem Vordeck

Auf Booten ohne Bugkorb und Seereling ist der Vorsegelwechsel bei viel Wind und Seegang ein gefährlicher Eiertanz. Eine Hilfe für den Vorschiffsmann ist z. B. auf dem Zugvogel serienmäßig – ein Handlauf auf dem Vordeck.

So ein Handlauf ist einfach herzustellen. Eine Holzleiste (A) wird handfreundlich abgerundet und auf Abstandshalter (B) verschraubt und verleimt. Beim Anbringen auf dem Deck müssen Sie sehr sorgfältig sein: Unter den Abstandshaltern ist gegen Undichtigkeiten nicht mit dauerelastischem Dichtungsmaterial zu sparen (C). Die Befestigung erfolgt mit langen, durchgehenden Schraubenbolzen, die unter dem Deck (D) mit möglichst großen Unterlegscheiben (E) versehen werden, um den Druck zu verteilen.

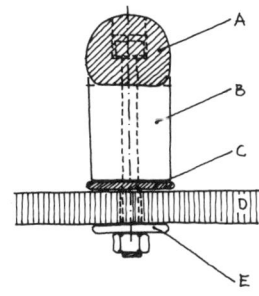

Umgang mit Leinen

Die Sicherheit von Boot und Mannschaft hängt entscheidend auch vom Zustand des stehenden und laufenden Guts ab. Dem richtigen Umgang mit Tauwerk und Leinen sollte sich der Segler deshalb ganz besonders intensiv widmen.

Außerdem ist nichts peinlicher als ein verpatztes Manöver im gutbesuchten Hafen, verursacht von nicht klar laufenden Leinen und falsch aufgeschossenen Festmachern.

Aufschießen

Besonders bei den Fallen ist es
wichtig, daß sie immer sofort
losgeworfen werden können
und sich nicht vertörnen und
daß es beim Segelbergen nicht
passiert, daß das lose Ende des
Falls in einem Bunsch oben am
Mast hängt.
Abb. 1 zeigt die bewährte Methode, wie Fallen aufgeschos-

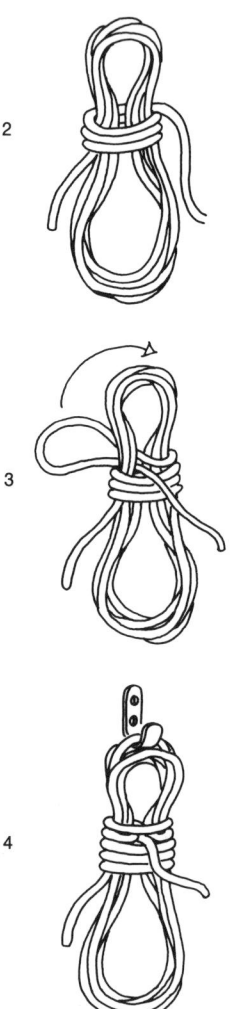

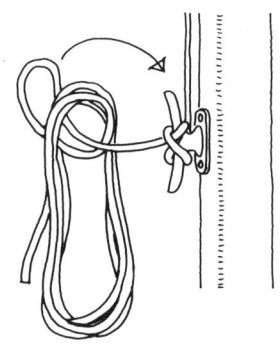

sen, durch eine Schlaufe gesichert und an die Mastklampe
gehängt werden.
Unbenutzte Leinen werden
ebenfalls aufgeschossen und,
wie in Abb. 2–4 zu sehen, gesichert und an Haken in der
Backskiste aufgehängt.

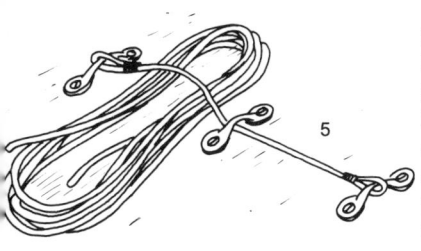

nen Endes dürfen Sie nicht die bloßen Finger nehmen, sondern am besten die Klinge des Seglermessers. Sollte Ihnen doch einmal flüssiger, heißer Kunststoff auf die Finger geraten sein, tauchen Sie die Hand sofort ins Wasser.

Leinen, die immer zum sofortigen Einsatz klar sein müssen, kann man unter einer Gummileine festklemmen, die an Deck zwischen mehreren Fenderösen verspannt ist (Abb. 5).

Seiltricks

Alle Leinen an Bord müssen gegen Aufdrehen und Ausfransen gesichert werden. Tauwerk aus Baumwolle, wie z. B. Schoten, und solches aus Hanf versieht man daher mit »Taklings«, d. h. man umwickelt sie mit Takelgarn. Bei modernen Leinen aus Kunstfasern (Perlon, Trevira, Polyester, Diolen usw.) geht das viel einfacher: Die Tampen werden über einer Flamme verschmolzen. Der Händler macht das mit einem elektrischen Glühdraht, an Bord tut es auch ein Feuerzeug (Abb. 1). Verwenden Sie aber ein Gas- und nicht ein Benzin-Feuerzeug, weil Gas keine Ruß-Spuren hinterläßt. Halten Sie das Feuerzeug nicht zu lange unter die Leine, weil sonst flüssiger Kunststoff heruntertropfen kann. Auch beim Glattdrücken des verschmolze-

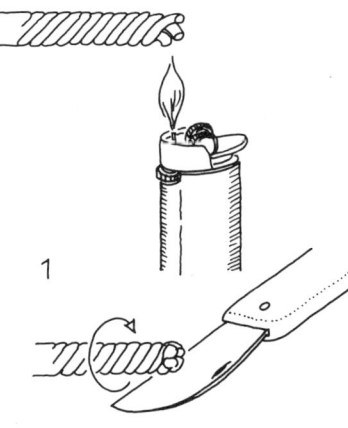

Um Strecker, Taljen, Ruder- und Schwertfallen besser greifen zu können, knoten Sie in die Tampen einen Wurfleinenknoten als Griff, wie in Abb. 2 gezeigt.

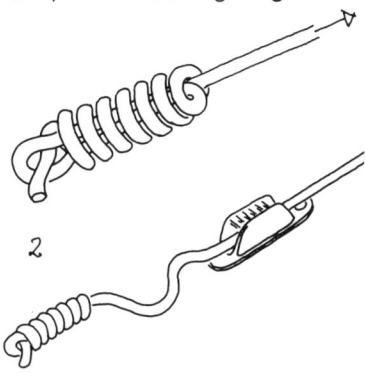

In vielen Situationen können Behelfs-Taljen hilfreich sein, die ohne Blöcke auskommen. Man knotet einfach ein oder mehrere Augen in die durchzuholende Leine und führt das lose Ende wie in Abb. 3 dargestellt durch die Augen durch.

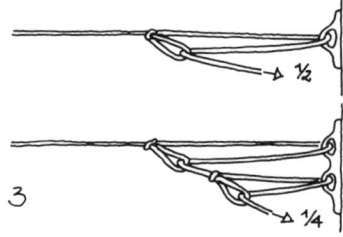

3

Schwert- und Ruderblatt-Fallen und -Hochholer müssen in verschiedenen Stellungen belegt werden können. Zum Wiederfinden der unterschiedlichen Positionen kann man Leinen mit wasserfestem Filzstift markieren. Diese Filzstifte gibt es in verschiedenen Farben in jedem Schreibwarengeschäft.

Leinen-Taschen
Auf modernen Booten werden Fallen und Strecker vom Mast meist zur Plicht bzw. auf das Kajütdach umgelenkt. Hier sind aber die langen losen Enden störend und vertörnen sich leicht.
Abb. 1 und 2 zeigen, wie man sich aus einem Stück Segeltuch eine Tasche nähen kann,

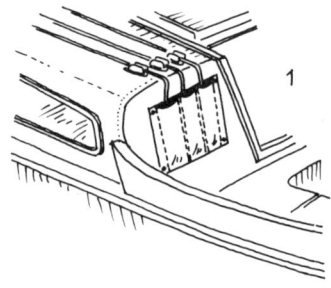

die mehrere Abteile für die verschiedenen Leinen hat. An allen vier Ecken werden zur Befestigung am Kajütschott Ösen ein-

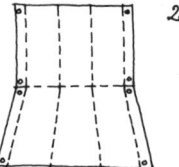

geschlagen. Auch unten in den Taschen sollten Ösen eingesetzt werden, um eingedrungenes Wasser schnell abfließen zu lassen.

Die gleichen Taschen leisten auch auf Jollen gute Dienste (Abb. 3). Hier können sie an den Seitentanks (A), am Reitbalken hängend (B) oder im Achterschiff für die Spinnakerschoten (C) befestigt werden.

Auf Jollen mit offenem Spiegel sollten Sie vor die Öffnungen ein Netz spannen (Abb. 3 D), damit die Schoten nicht achtern nachgeschleppt werden.

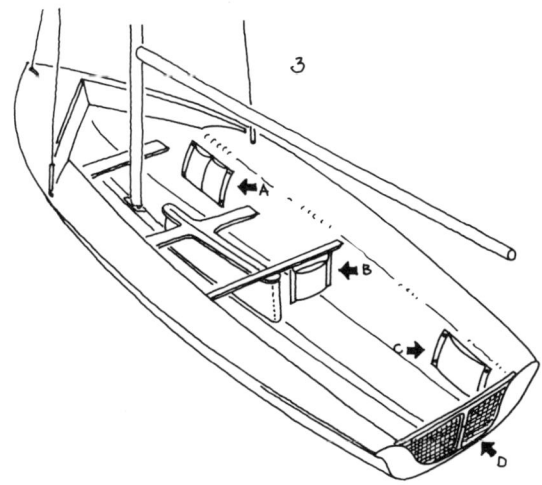

Anker und Bojen

Wie jeder Segler in der Segelschule gelernt hat, werden
Anker nicht nur benutzt, wenn
man in Ufernähe eine Kaffee-
pause einlegen will. Bei Hava-
rien kann der Anker die Rettung
vor dem Auflaufen bedeuten,
wenn er richtig eingesetzt wird
und vor allem das Ankerge-
schirr immer klar zum Einsatz ist.
Genauso wichtig für die Sicherheit des Bootes ist die richtige
Ausführung und Handhabung
des Bojengeschirrs. In unserer
Zeit der zunehmenden Liege-
platz-Knappheit müssen ja
immer mehr Segler auf Hafen-
plätze verzichten und an Bojen
ausweichen. Die Zahl der in
Bojenfeldern havarierten Boote
zeigt, daß auf richtige Dimensio-
nierung des Bojensteins, auf
Stärke und Länge der Kette und
auf die Wahl der Boje selbst be-
sonderer Wert gelegt werden muß.

Ankerkasten

Ankerkästen sind inzwischen auf den meisten Neukonstruktionen serienmäßig vorhanden. Sie haben den großen Vorteil, daß Anker, Kette und Leinen sicher und ohne an Deck zu stören verstaut sind, aber beim Ankern alles schnell und am richtigen Ort greifbar ist, nämlich auf dem Vorschiff.

Einen Ankerkasten kann man mit etwas Geschick auch nachträglich selbst einbauen (Abb. 1).

Der Deckel des Ankerkastens kann bei kleineren Booten einteilig sein. Er sollte zum schnellen Öffnen ohne Gefahr für die Fingernägel einen Griff haben. Das kann eine einfache Schlinge aus einer dünnen Leine sein, die durch zwei Bohrungen im Rand des Deckels geführt und mit Achtknoten gesichert wird (A).

Während des Ankerns nimmt der Ankerkasten den nicht benutzten Teil der am Bug

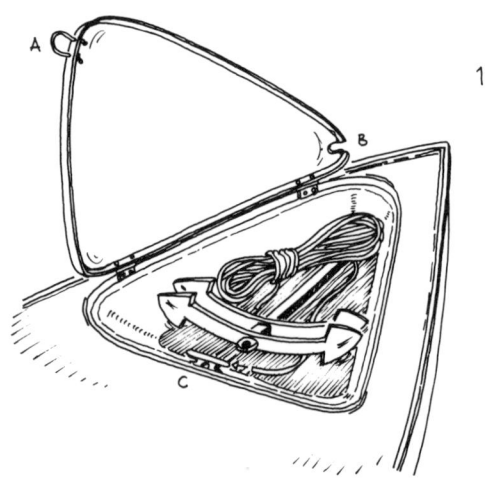

1

belegten Ankerleine auf. Dazu
muß im vorderen Teil des
Deckels eine Aussparung als
Leinen-Durchführung vorgesehen werden (B).
Um zu vermeiden, daß beim
Ankerwerfen der Anker mitsamt
der Leine schwungvoll im Wasser verschwindet, empfiehlt es
sich, im Ankerkasten eine
starke Klampe (C) anzubringen,
an der die Ankerleine ständig
belegt bleibt.
Der Ankerkasten selbst sollte
so weit vorn wie möglich sitzen,
um den Fußraum über den Vor-
schiffskojen (D) nicht einzuen-
gen. Der Boden des Ankerkastens soll Gefälle haben, so daß
an der tiefsten Stelle eine Ent-
wässerungsleitung (E) nach
außen eingebaut werden kann.

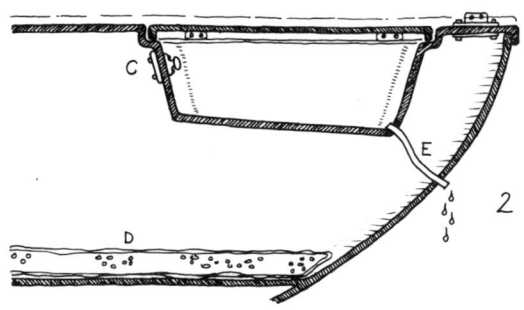

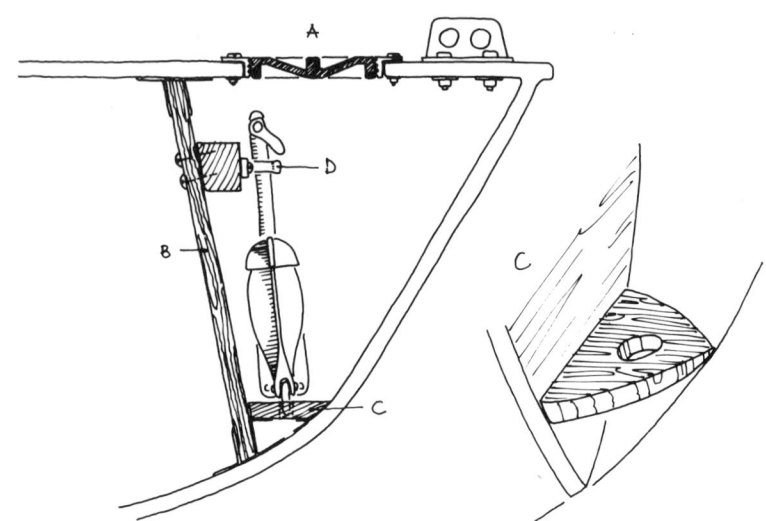

Ankerkasten im Eigenbau

Auf kleinen Booten, die nur
einen Klappdraggen als Haupt-
anker fahren, kann man sich
sehr leicht einen Ankerkasten
selbst nachträglich einbauen.
Dazu wird im Vordeck ein
Inspektionsluk (A) eingebaut,
das es im Zubehörhandel mit
Durchmessern bis 15 cm in verschiedenen Ausführungen gibt.
Der Bugraum wird mit einem
Schott (B) aus wasserfestem
Sperrholz abgeteilt. Unten wird
eine Auflage (C) für den Anker
angebracht, die ein Loch für
das untere Auge am Ankerstock
enthält. Der Ankerstock wird
oben von einer Federklammer
(D) gehalten, wie sie üblicher-
weise für Pinnenausleger verwendet werden. Sie wird auf

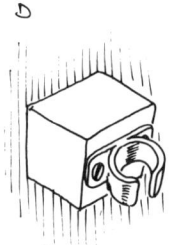

einer Holzkonsole montiert,
damit der Anker Abstand zum
Schott (B) hat.
Seitlich an der Rumpfinnenseite
oder am Schott können noch
Haken montiert werden, an
denen die Ankerleine, der Ket-
tenvorläufer und Festmacher
aufgehängt werden können.

42

Ankerkasten-Gräting

Vor allem bei Kunststoff-Schiffen wird der Ankerkasten leicht verkratzt und das Gelcoat angegriffen. Eine kleine Gräting wie in Abb. 1 verhindert das und läßt außerdem die nasse Ankerleine schneller wieder trocknen.

Eine solche Gräting stellen Sie am besten aus Teakholz-Leisten her (Abb. 2 A), die auf längslaufende Tragleisten (B) geschraubt werden. Diese sollten nach innen versetzt sein, damit bei Lage des Bootes Wasser seitlich ablaufen kann.

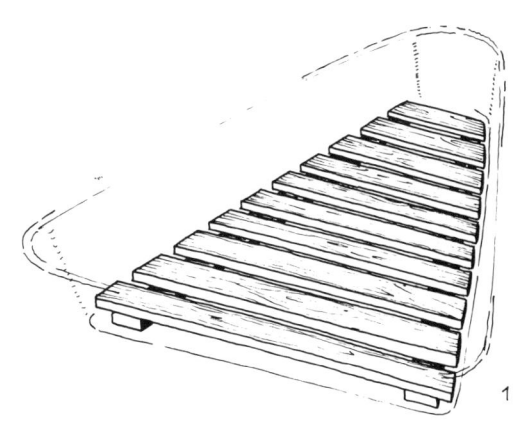

Festmachen an der Boje

So wie auf Abb. 1 sollten Sie nie an der Boje festmachen. Wenn nämlich die Leine einfach nur durch das Auge der Boje geführt wird, ist sie schnell durchgescheuert.

Hier muß also mindestens ein Knoten eingesteckt werden. Der Knoten vermindert aber die Bruchlast des Festmachers (A). Besser ist es, wenn man zwei kurze Festmacher verwendet, in die jeweils ein Auge mit Kausch eingespleißt wird (B). Diese Festmacher werden dann mit Schäkeln am Bojenauge angesteckt.

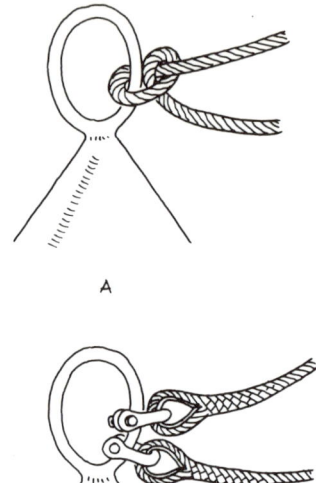

A

B

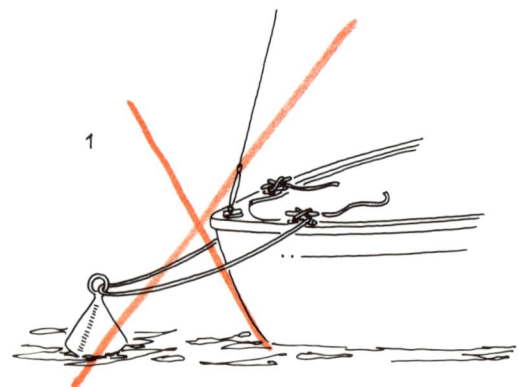

1

Bojengeschirr

Heute werden meist Kunststoffbojen verwendet, oft auch ohne durchgehenden Stock aus Metall, so daß nicht am Bojenkörper selbst festgemacht werden kann.

Hier wird die Boje bei (A) mit einem Wirbelschäkel an der Bojenkette befestigt, und am Ende wird der Festmacher angeschäkelt (B). Der Festmacher sollte so kurz sein, daß er auch bei Flaute und unbelasteter Kette nicht ins Wasser eintaucht und vergammelt.

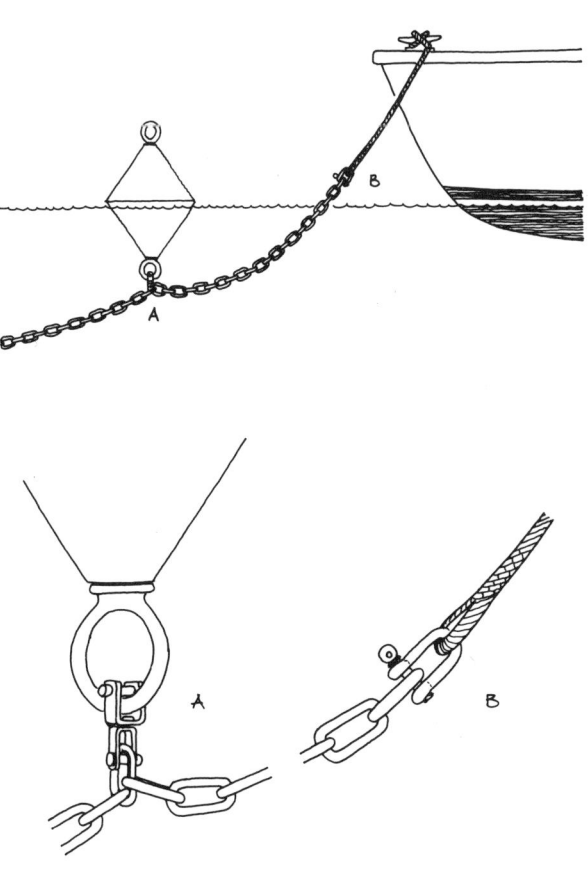

Bojen-Kratzerschutz

Bojen mit Griffstange haben den Nachteil, daß sie bei Flaute und unbelastetem Festmacher dicht neben dem Bootsrumpf treibend mit der Stange ständig an die Bordwand schlagen und Kratzer am Boot verursachen.

Umwickeln Sie deshalb die Stange mit einem Streifen Moosgummi, das mit Takelgarn fixiert wird. Verwenden Sie besser Takelgarn aus Hanf, nicht solches aus Kunststoff, weil das Kunstfasergarn in der Sonne schnell spröde wird und reißt.

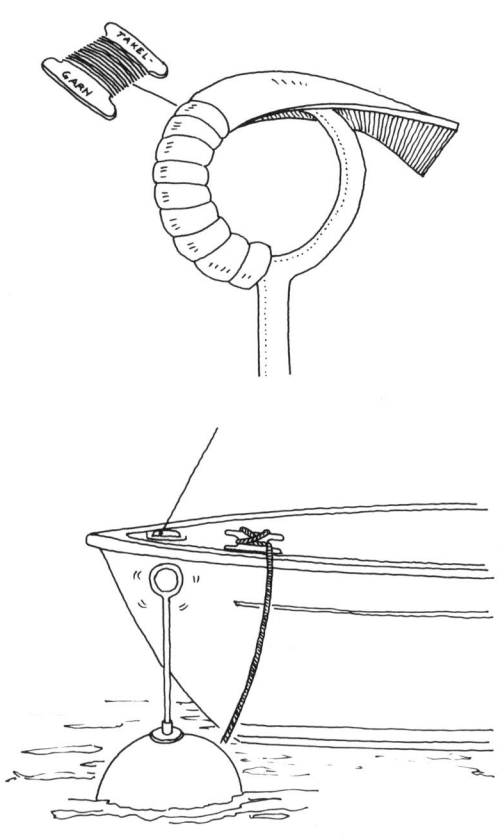

Einrichtung

Wenn ich mir auf Bootsausstellungen moderne Serienschiffe von innen ansehe, wundere ich mich oft, wie wenig Sorgfalt die Werften auf die zweckmäßige und durchdachte Einrichtung und auf die günstigste Raumausnutzung verwenden.

Die praktische und seegerechte Gestaltung der Kajüte stellt aber auch einen Sicherheitsfaktor dar, weil eine müde und hungrige Crew das Schiff nicht optimal führen kann.
Hier hat der Eigner ein reiches Betätigungsfeld, um die Einrichtung seines Bootes zu vervollkommnen und auf seine eigenen Bedürfnisse abzustimmen.

Racks

Im Handel werden die verschiedensten Arten von Racks, Wandborden und Ablagen angeboten, die man an das Kajütschott schrauben kann und die die vielen notwendigen und nützlichen Gegenstände aufnehmen, die immer schnell zur Hand sein müssen.

Meistens aber passen die vorgefertigten Racks nicht für die schon vorhandenen Ferngläser, Peilkompasse, Notsignale usw., und deshalb baut man sie sich am besten gleich selbst, mit genau abgestimmten Auflagen und Halterungen und im gleichen Außenmaß, so daß sie auch miteinander kombiniert werden können.

Zur Anbringung bietet sich das Kajütschott im Bereich des Niedergangs an, weil die hier untergebrachten Dinge am leichtesten auch vom Cockpit aus zu erreichen sind.

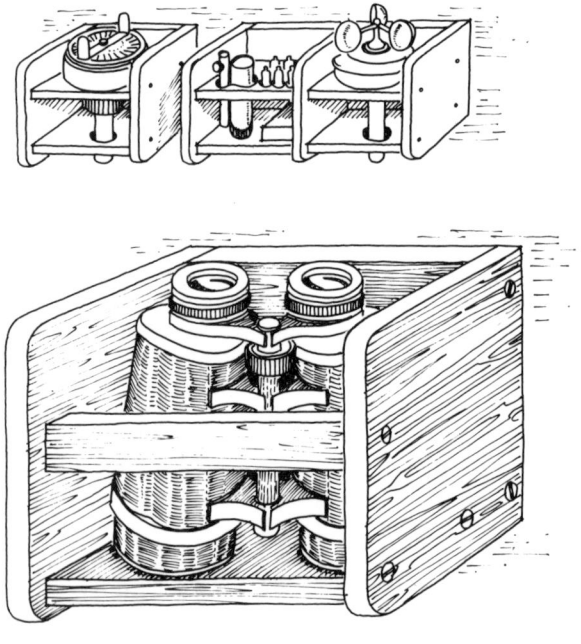

Inspektionsluken

Die im Zubehörhandel erhält-
lichen Inspektionsluken aus
Kunststoff leisten an Bord an
vielen Stellen gute Dienste.
Mit ihnen kann man Lufttanks in
Jollen und Yachten zugänglich
machen und als Stauraum
nutzen, wobei bei der richtigen
Montage die Dichtigkeit der Auf-
triebskammern gewährleistet
bleibt.
Die Luken gibt es in verschiedensten Ausführungen und Farben mit Durchmessern bis
15 cm. Abb. 1 zeigt ein Modell
mit Bajonettverschluß, Abb. 2
mit Schraubverschluß.
Die Montage ist recht einfach:

In die Seitenwand (3) wird ein
Loch eingesägt und mit Dich-
tungsmittel (4) der Rahmen des
Luks (5) eingesetzt und verschraubt. Hier ist noch dargestellt, wie der Deckel (6) mit
Bajonettverschluß im Rahmen
gehalten wird.
Zum leichten Öffnen des Luks
hat es sich bewährt, einen Griff-
bügel zu montieren (7), so daß
man zum Öffnen nur eine Hand
braucht.
Damit in den großen Seitentanks von Jollen nichts ver-
lorengeht, sollte man gleichzeitig mit dem Rahmen ein Netz
oder einen Beutel anbringen.

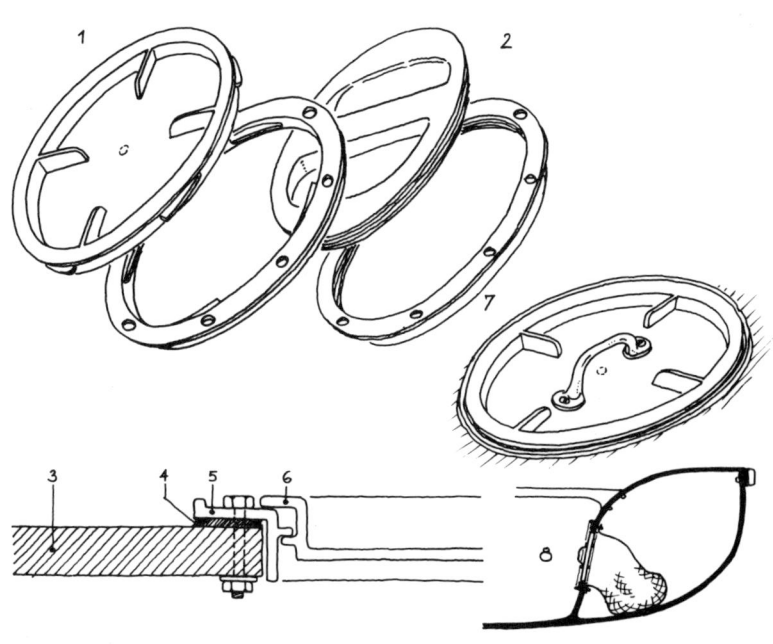

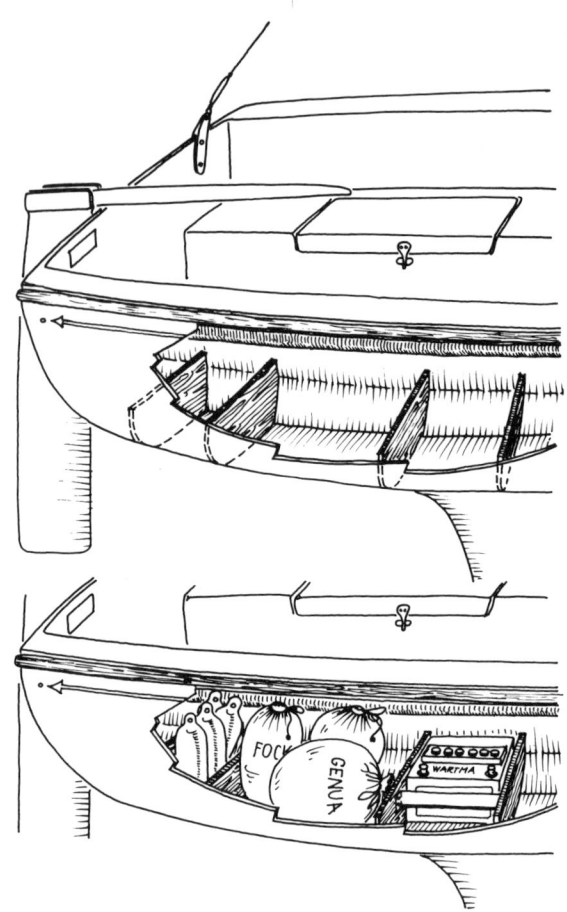

Backskisten-Schotten

Man freut sich immer über die schönen großen Backskisten, in denen man alles, aber auch alles unterbringen kann. Nichts, aber auch gar nichts findet man darin wieder, weil bei Lage und im Seegang alles durcheinanderfällt!

Man kann hier Ordnung schaffen, indem man sich Schotten aus wasserfestem Sperrholz einbaut, deren Abstand abgestimmt ist auf die Gegenstände, die gestaut werden sollen. Vergessen Sie nicht, an der inneren unteren Ecke der Schotten eine Aussparung vorzusehen, so daß sich das Wasser an der tiefsten Stelle der Backskiste sammelt und dort gelenzt werden kann.

Backskisten-Schubladen

Backskisten sind meist so tief,
daß man nur den unteren
Bereich ausnutzt und darüber
viel ungenutzter Raum übrig-
bleibt.
Unter dem Backskistendeckel
(1) kann man zwei parallel lau-
fende Schienen (2) zwischen
Kajütschott (6) und Spiegel (5)
anbringen. Auf diesen Schienen
gleiten zwei handelsübliche Pla-
stikwannen (3), die zum Be- und
Entladen jeweils unter die Öff-
nung des Backskistendeckels
gezogen werden können (4).

Ich hatte für den Einbau schon
die Schienen und die Auflager
vorbereitet, da stand ich vor
dem schier unlösbaren Problem,
die langen Schienen durch die
kleinen Backskistendeckel zu
bringen. Einiges Nachdenken
brachte die Lösung: Ich habe
einfach in das Kajütschott (7)
Löcher geschnitten, durch die
die Schienen über den Hunde-
kojen eingeschoben werden
konnten. Die Löcher wurden
später durch die Auflagerklötze
der Schienen wieder verschlossen.

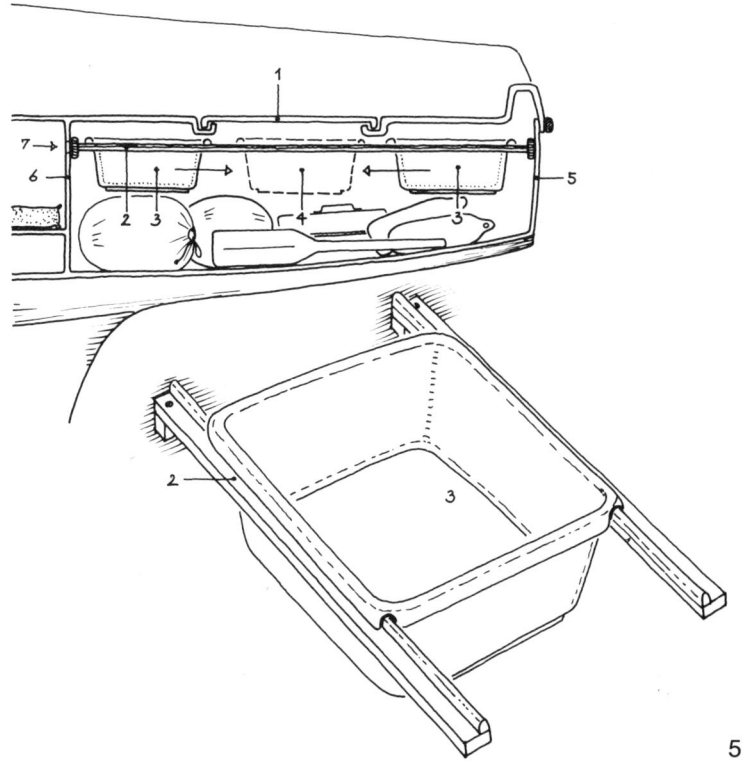

Plichtsüll-Stauraum

Auf vielen kleinen Kreuzern sieht es so aus wie in Abb. 1: Wenn man in der Hundekoje liegt, kann man das äußere Bein bis in das Plichtsüll hochstrekken, eine Haltung, die nicht sehr bequem ist. Der Vorteil dieser Innenraum-Aufteilung ist daher nicht ganz einzusehen. Sinnvoller ist es bestimmt, wenn man diesen Raum als Stauraum

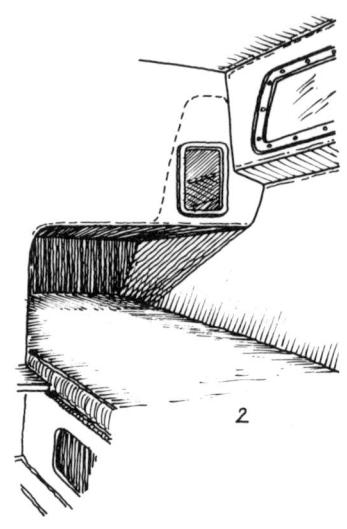

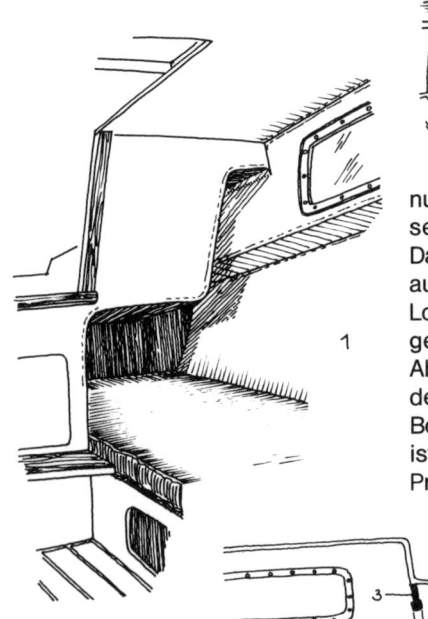

nutzbar macht, wie in Abb. 2 zu sehen.

Dazu wird das Kajütschott nach außen hin verlängert (3) und ein Loch als Zugang zum Stauraum gelassen. Zwischen dieser Abschottung und dem Schott zu den Backskisten (5) wird ein Boden (4) eingesetzt, und fertig ist der Stauraum für Bücher, Proviant, Karten und ähnliches.

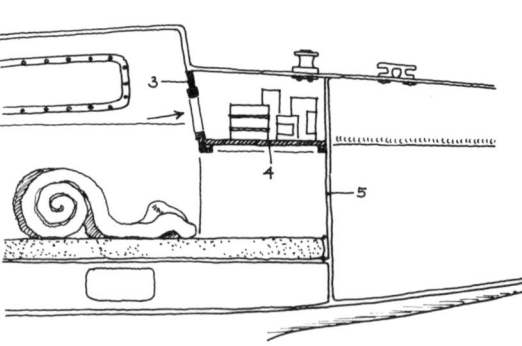

Plichtsüll erhöhen

Für mich als rückgratgeschä-
digten ehemaligen Jollensegler
wäre bei einem kleinen Kreuzer
kaufentscheidend, ob die Sitz-
position in der Plicht bequem
ist. Bei vielen Booten ist das
Plichtsüll so niedrig, daß man
sich nicht richtig anlehnen
kann, sondern sich nur in der
Höhe des dritten Lendenwirbels
blaue Flecken holt.

Wer das erst nach dem Kauf
und nicht gleich auf der Messe
merkt, der kann nach der hier
gezeigten Methode das Plichtsüll mit einer Holzkonstruktion
erhöhen. Sie besteht aus Sei-
tenplanken (1), die oben und
unten an Abstandsklötze angeschraubt und mit kräftigen
Schraubbolzen auf dem Plichtsüll (2) montiert werden. Den

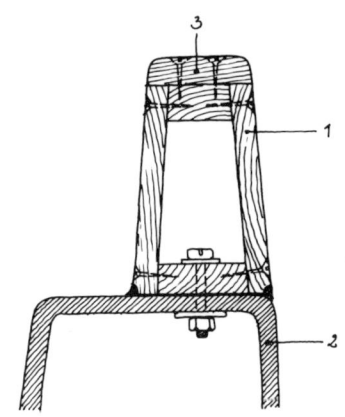

oberen Abschluß bildet eine gut
abgerundete Deckleiste (3).
Alle Beschläge auf dem Plichtsüll müssen dabei natürlich neu
montiert und gegebenenfalls auf
Konsolen gesetzt werden, so
wie die Fockschot-Winschen (4).

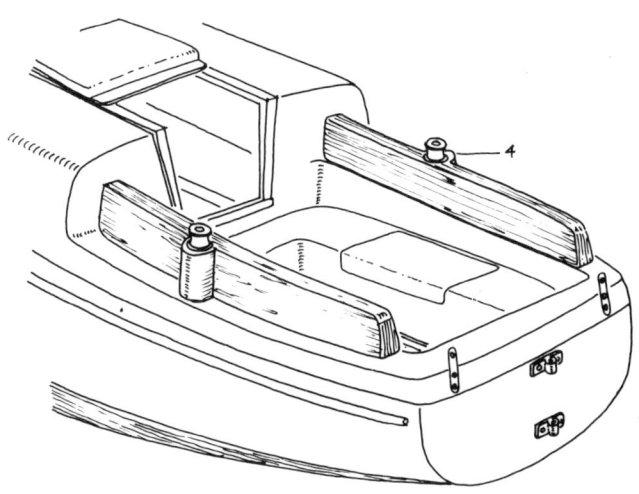

Kojenpolster gesichert

Auf meinem neuen 6-m-Kajüt-kreuzer war ich zum ersten Mal beim Segeln in der Kajüte und saß auf der Leekoje. Nach einer Wende fand ich mich unversehens auf dem Kajütboden sitzend wieder, weil die Werft neben vielen anderen Kleinigkeiten auch vergessen hatte, die Kojenpolster gegen Rutschen zu sichern.

Ich habe dann Holzleisten angebracht, die aber nur so hoch sein dürfen, daß sie beim Sitzen auf der Koje nicht in den Kniekehlen drücken.
Man kann auch unter den Kojenpolstern Klettenband in mehreren Streifen anbringen, so daß die Polster in ihrer Lage fixiert sind.

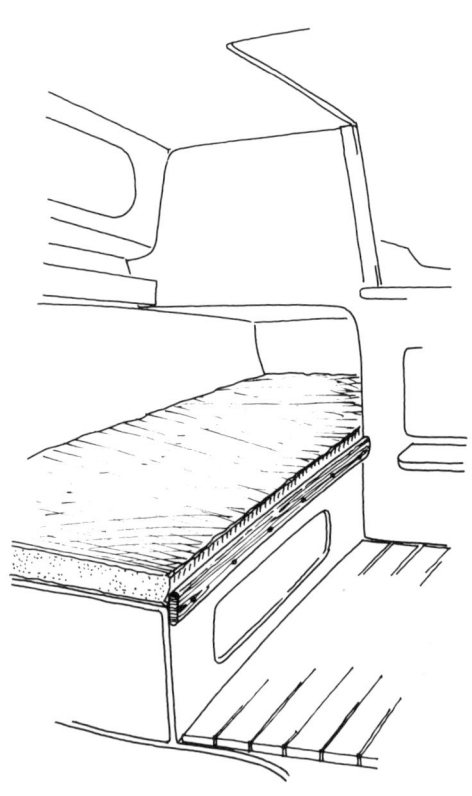

Vorhänge

Vorhänge vor den Kajütfenstern bieten Schutz gegen unerwünschte Einblicke, gegen Sonnenblendung, gegen Mondlicht und Stegbeleuchtung.

Besonders bei stark geneigten Kajüt-Seitenwänden können Vorhänge, die so wie daheim an einer Schiene aufgehängt werden, diese Funktion nur unvollkommen erfüllen. Sie liegen am unteren Rand nicht mehr dicht am Fenster an, sondern lassen einen mehr oder weniger breiten Spalt offen.

Auf meinem Boot habe ich die Vorhangschienen durch Gummileinen ersetzt, die durch den oberen und unteren Saum der Vorhänge gefädelt und zwischen Schraubösen verspannt werden. So liegen die Vorhänge immer dicht an. Seitlich vom Fenster muß noch genügend Platz sein, damit die Vorhänge so weit zurückgeschoben werden können, daß das Fenster ganz frei ist.

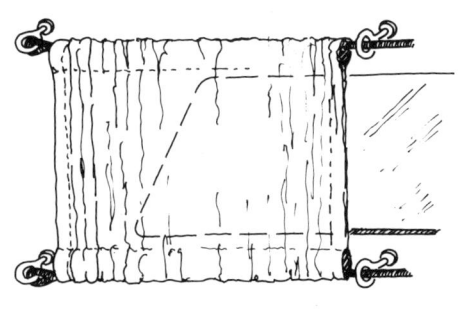

Mückenschutz

In südlichen Revieren steht man abends vor der Entscheidung, entweder das Steckschott offen zu lassen und am nächsten Morgen von Mücken zerstochen aufzuwachen oder das Steckschott zu schließen und vor Hitze nicht einschlafen zu können. Ein Mücken-Rollo bewahrt Sie vor Entscheidungsschwierigkeiten.

Das Rollo besteht aus einer Trommel mit Federzug, die in allen Längen erhältlich ist. An der Trommel wird das passend zugeschnittene und umsäumte Mückennetz (1) befestigt. Das Rollo wird an der Achterkante des Schiebeluks (3) angebracht und mit einer Holzblende (2) versehen. Es muß so weit achtern sitzen, daß es gut an den seitlichen Deckleisten des Niedergangs (4) anliegt. Unten wird ein Stab durch den Saum gesteckt, der seitlich etwas heraussteht und hinter zwei Schrauben (5) gehakt werden kann. Der seitliche Überstand dieses Stabes ist gleichzeitig der obere Anschlag beim Hochrollen des Rollos.

Gute Nacht!

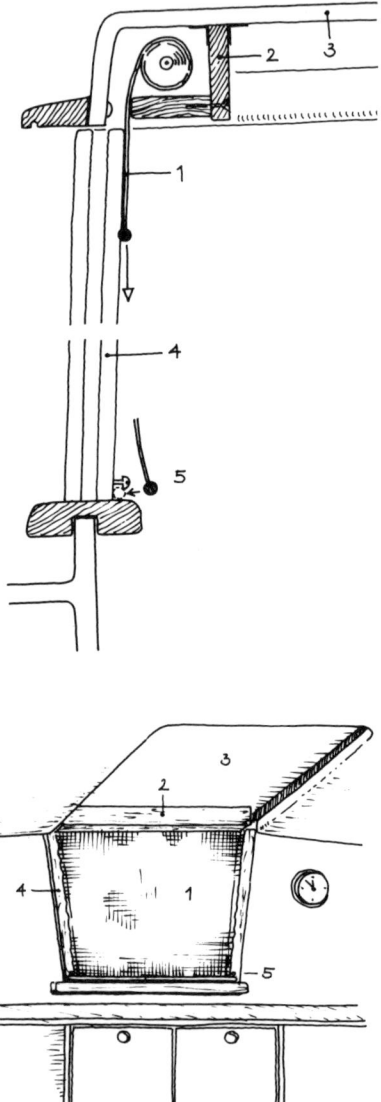

56

Lüftung

Um Kondenswasserbildung und Muffelgeruch im Boot zu vermeiden, ist eine gute Durchlüftung wichtig. Am besten sind zwei Entlüftungsöffnungen, die so weit wie möglich voneinander entfernt sein sollten. Auf dem Vorschiff gibt es dazu das aufstellbare Vorluk oder eine Lüfterhutze, am Niedergang fehlt aber oft eine entsprechende Einrichtung.

Abb. A zeigt, wie man im Steckschott (1) längliche, schmale Schlitze (2) einsägen kann, die vor Regen durch winkelförmig verbundene Holzleisten (3) geschützt sind. Diese werden über den Schlitzen angeschraubt.
Eine einfachere Lösung ist der Einbau von Lüftungsgittern (4), die es in allen Größen aus Alu oder Kunststoff im Zubehörhandel gibt (Abb. B).

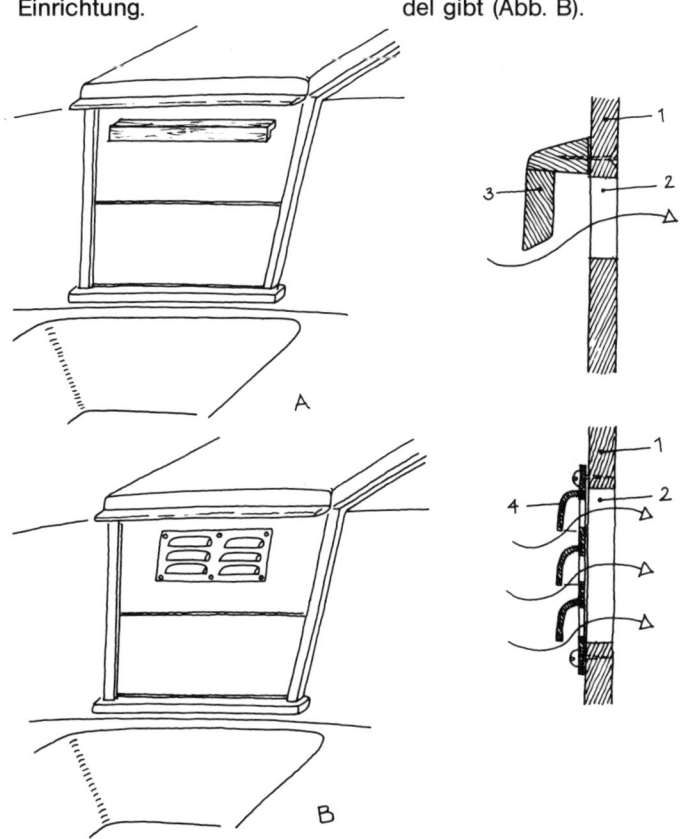

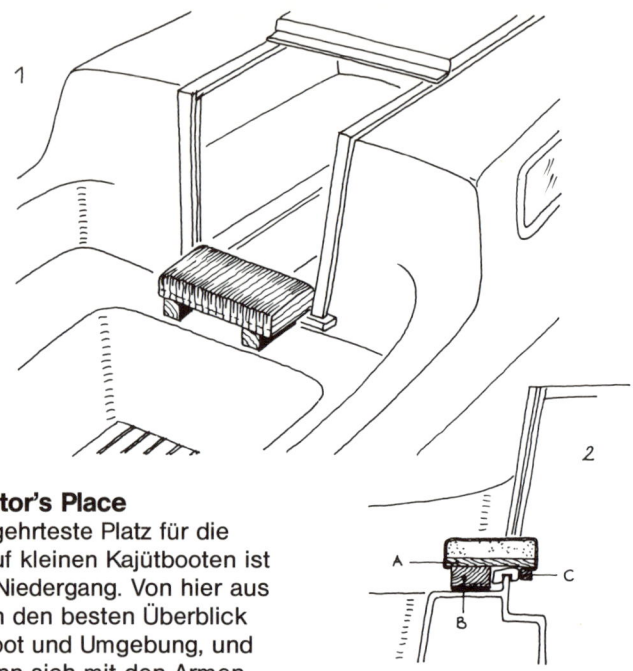

Navigator's Place

Der begehrteste Platz für die Crew auf kleinen Kajütbooten ist der im Niedergang. Von hier aus hat man den besten Überblick über Boot und Umgebung, und man kann sich mit den Armen bequem im geöffneten Schiebelukausschnitt auf das Kajütdach lehnen. Leider hält man es so trotzdem nicht lange aus, weil die Sitzfläche – der untere Rahmen des Niedergangs – zu schmal und scharfkantig ist. Ich habe mir einen kleinen Sitz gebaut, der bei Bedarf hier eingesetzt werden kann. Eine Sperrholzplatte (A) wird mit Schaumgummi gepolstert und mit Stoff bezogen. Auf dem Brückendeck steht der Sitz auf Holzklötzen (B), die mit Moosgummistreifen unterlegt sind, damit der Sitz nicht verrutscht und nichts verkratzt. An der Vor-

derseite muß noch eine Leiste (C) als Anschlag angeschraubt werden.

Dieser Sitz erfüllt in der Kajüte auch noch Notsitz-Funktion, da er zwischen die Kojen paßt und hier durch die Auflager (B) sicher gehalten wird.

58

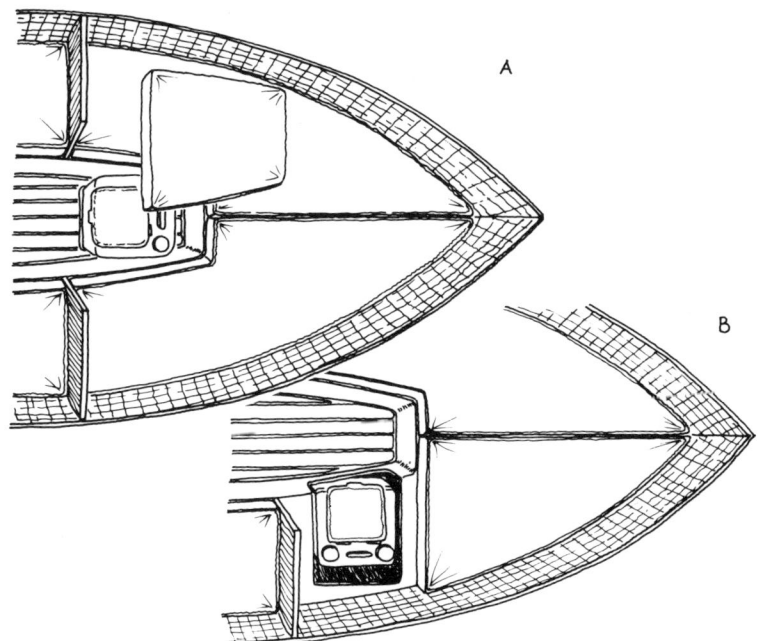

A

B

WC-Einbau

»5,5-m-Kajütkreuzer, familienge-
recht, mit 4 Kojen, Pantry und
WC« – oft zu lesen, aber nie
erreicht.

Zumindest der WC-Einbau ist in
der Regel nicht praxisgerecht,
weil er meist so wie in Abb. A
vorgenommen wird. Das Vorschiff ist zwar mit einem Vor-
hang zwischen den Schotten
abteilbar, aber bei Benutzung
kann sich die übrige Besatzung
am Anblick mehr oder weniger
wohlgeformter Knie erfreuen.
Ganz abgesehen davon, daß die
Bewegungsfähigkeit des armen
Benutzers stark eingeschränkt
ist.

Eine Verbesserung wird
erreicht, wenn der WC-Einbau
so wie in Abb. B vorgenommen
wird, nämlich seitlich. Hierzu
muß der Kojen-Unterbau aus-
geschnitten und eine Konsole
für das WC eingebaut werden.
Dienen die Räume unter den
Kojen als Auftriebstanks, muß
unbedingt seitlich wieder dicht
abgeschottet werden, falls die
Tanks nicht ausgeschäumt sind.
Außerdem muß ein Kojenpolster
geteilt und neu umsäumt werden. Aber die Mühe lohnt sich,
weil so das Vorschiff richtig
abgetrennt werden kann und für
den WC-Benutzer mehr Raum
zur Verfügung steht.

Feuerlöscher

Auf jedem Boot, vor allem, wenn es einen Motor und eine Pantry hat, sollten Feuerlöscher vorhanden sein.

Aber nicht nur das bloße Mitführen ist wichtig, sondern auch die sinnvolle Anbringung.

Eine mögliche Stelle ist die Backskiste (A), und zwar gleich vorn unter dem Deckel und nicht auf der Seite, wo der Benzintank untergebracht ist.

Die zentralste Stelle ist der Niedergang (B), wo der Feuerlöscher aus der Plicht und von der Kajüte aus gleich gut erreichbar ist.

Für die Kajüte selbst ist auch noch die Anbringung eines Feuerlöschers am Vorschiffschott günstig (C).

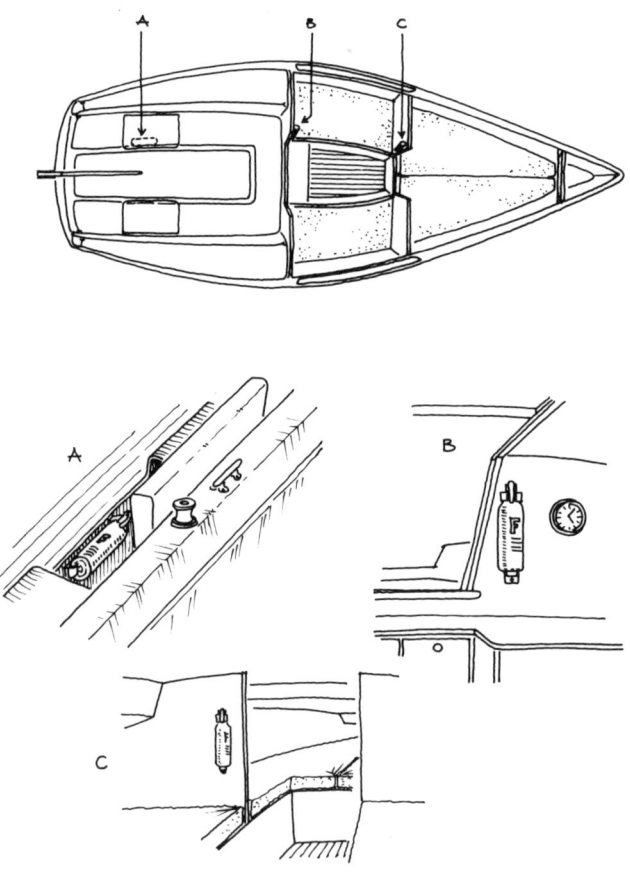

Notbeleuchtung

Bei Defekten an der Beleuchtungsanlage, bei nächtlichen Inspektionsgängen im Hafen und bei sonstigen Notfällen ist es gut, immer eine kleine, handliche Taschenlampe griffbereit zu haben.

Auch hier ist der günstigste Platz für die Unterbringung der Niedergang bzw. das Kajütschott. Am besten wird die Taschenlampe in einer Federklammer gehalten, die am Kajütschott angeschraubt ist.

Es gibt inzwischen auch wieder handbetriebene Dynamo-Taschenlampen, die sich als Notfall-Hilfe besser eignen als solche mit Trockenbatterien, da man sich nicht um den Zustand der Batterien kümmern muß.

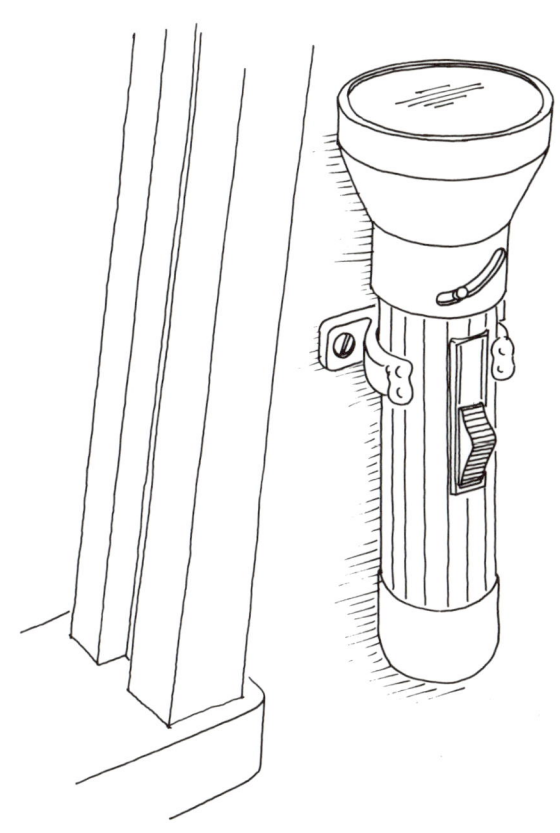

Cockpit-Tisch

Manche Segelsaisons sind zwar nicht dazu geeignet, die Mahlzeiten im Freien einzunehmen, aber ab und zu will man doch einmal bei den wenigen sonnigen Stunden das Frühstück oder den Abendtrunk im Hafen in der Plicht einnehmen. Dazu muß der Salon-Tisch auch im Cockpit installiert werden können.

Bild A zeigt eine einfache Möglichkeit, bei der die Tischplatte (1) an der Unterseite auf beiden Schmalseiten eine Profilleiste (2) in Z-Form erhält. Der Tisch kann dann zwischen den geöffneten Backskisten-Deckeln (3) aufgelegt werden, wie in der Abb. unten zu sehen.

Abb. B zeigt eine andere Lösung. Hier ist der Tischfuß aus einem Rundrohr in der dar-

gestellten Form gebogen und steht in einer speziellen Halterung, die sich in der Kajüte und zusätzlich auch in der Plicht montieren läßt. Dieses System kann man mit allen Zubehörteilen im Handel erwerben.

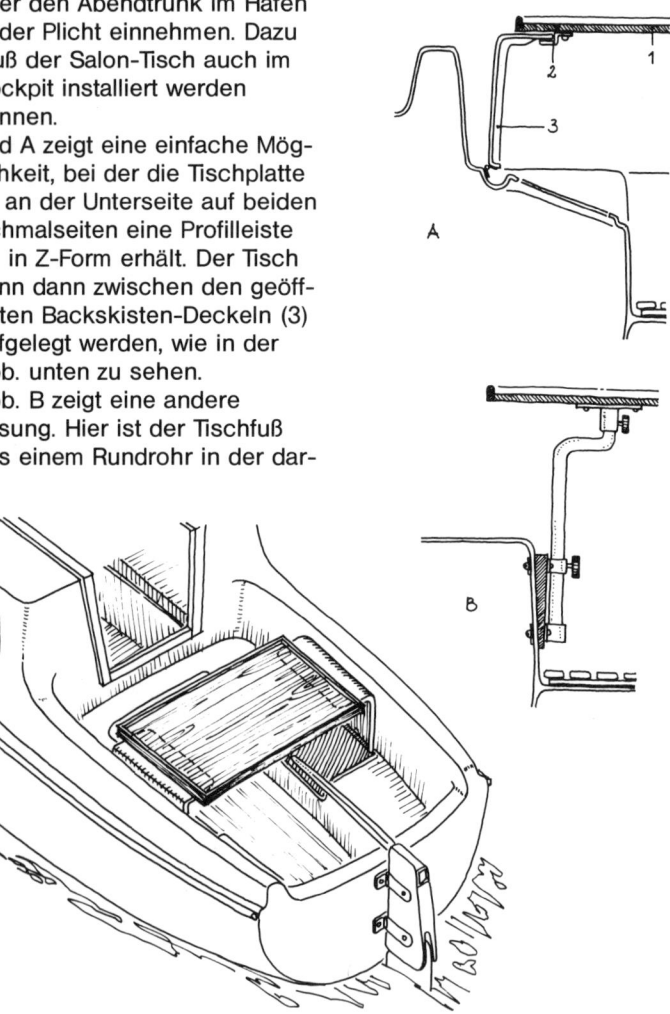

62

Instandhaltung, Pflege

Es sind nicht nur die Geldersparnis und der Werterhalt, sondern einfach auch der Spaß an der Betätigung, was den Segler dazu bewegt, sein Boot regelmäßig zu polieren, zu schleifen, zu malen und zu lackieren. Die Zahl der Farb- und Lackfabrikate, der Schleifpapiersorten, der Pasten, Lösungsmittel und Verdünnungen, der Pinsel und der Spritzpistolen ist unüberschaubar geworden, aber jeder langjährige Bootsbesitzer schwört auf »sein« bewährtes System. Trotz aller handelsüblichen Hilfsmittel gibt es aber noch eine Reihe von besonderen Kniffen, die Pflege und Instandhaltung erleichtern.

Saubere Wasserlinie

Verschmutzung und Bewuchs des Unterwasserschiffs beginnen an der Wasserlinie, wo es am häßlichsten aussieht, besonders bei hellen Unterwasserfarben.

Daher reinigen die meisten Segler mehrmals in der Saison mit mehr oder weniger geeigneten Präparaten und Geräten die Wasserlinie ihrer Boote.

Am einfachsten geht das, wenn das Boot leicht gekrängt ist, entweder wie in Abb. A mit dem an den Großbaum angehängten Beiboot oder wie in Abb. B, wenn das Boot zwischen zwei Pfählen festgemacht ist und das Großfall querab zur Mole geholt wird.

Das Reinigen selbst erfolgt am zweckmäßigsten vom Beiboot aus. Da es aber sehr mühsam ist, mit der einen Hand das Beiboot an Ort und Stelle zu halten und mit der anderen Hand zu bürsten, sollte das Beiboot mit Festmachern am Schiff gehalten werden (Abb. C).

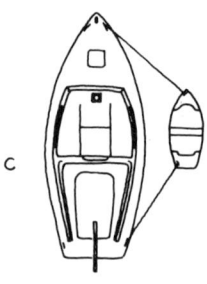

C

A

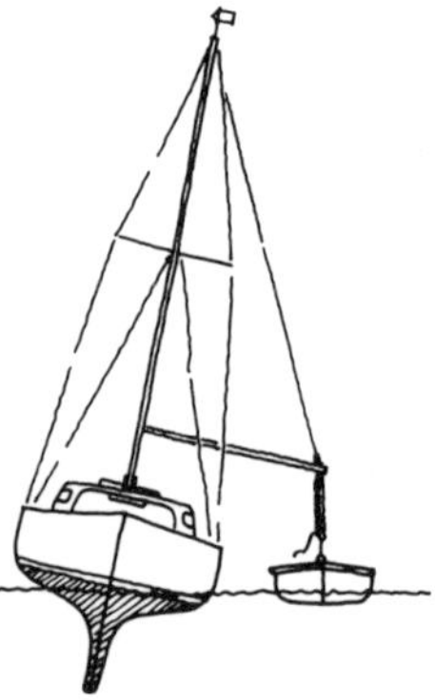

B

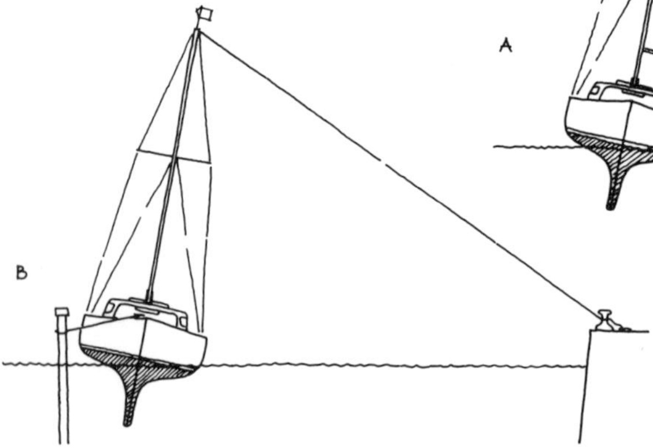

Wenn die Wasserlinie nur vom Schiff aus gereinigt werden kann, verwenden Sie am besten eine Bürste mit Stiel und einem im Anstellwinkel verstellbaren Fuß (D).

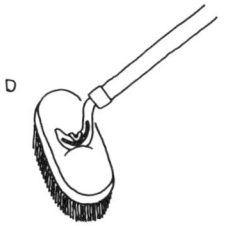

Müssen Holzteile von allen Seiten lackiert werden, wie z. B. Pinne oder Ausleger, braucht man nicht immer zu warten, bis die Oberseite getrocknet ist und man das Teil umdrehen und von der anderen Seite behandeln kann. Befestigen Sie an der Schraube eines Beschlags eine Drahtschlinge, und lackieren Sie das Stück, an dem Sie vorher festgehalten haben, wenn das Teil aufgehängt ist (Abb. 2).

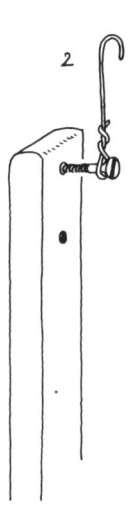

Andere Pflege-Tips

Teakholz wird mit einer möglichst harten Bürste gereinigt, die in Faserrichtung des Holzes bewegt wird. Dabei sollte das Holz ständig mit reichlich Wasser abgespült werden, damit man den Dreck nicht nur verteilt (Abb. 1).

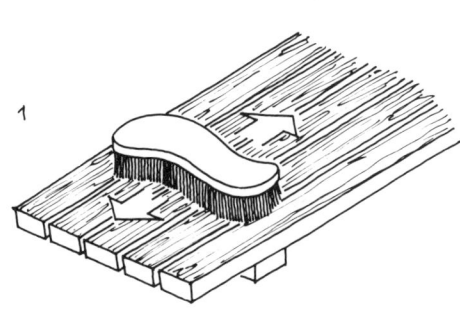

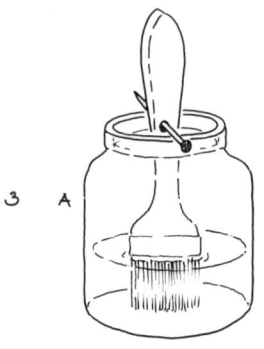

Benutzte Pinsel werden norma-
lerweise in Verdünnung
gehängt, und zwar so, daß die
Pinselhaare nicht auf dem
Boden des Gefäßes aufstehen
(3 A). Wenn Sie den Pinsel aber
sowieso bald wieder benutzen
wollen, reicht es auch, ihn in
einer kleinen Plastiktüte (3 B)
oder in breitem Klebefilm (3 C)
luftdicht abzuschließen.

Fockschot-Schutz

Um zu verhindern, daß die Fockschoten an den Wantenspannern (A) scheuern und öfters
ersetzt werden müssen, sollten
die Wantenspanner umkleidet
werden. Dies auch schon deshalb, daß sich die Fockschot
bei der Wende nicht verhakt.
Für die Abdeckung der Püttings
reicht ein kurzer, dicker PVC-
Schlauch, darüber ein dünnerer,
langer Schlauch für die Wantenspanner, der so lang sein muß,
daß die Fockschot nicht am
Want scheuert (Abb. B).

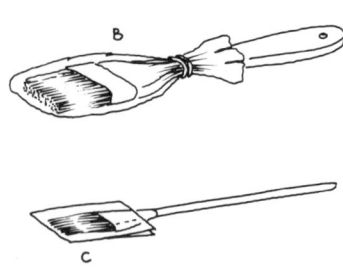

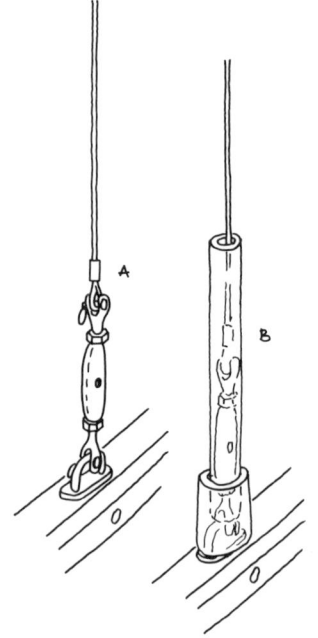

Dafür gibt es inzwischen im Handel elegante Formteile aus PVC, die über die Wantenspanner geschoben werden (Abb. C).

Lack-Schutz

Segler bekommen Mordgelüste, wenn Laien-Mitsegler den Groß-baum auf das spiegelnd lak-

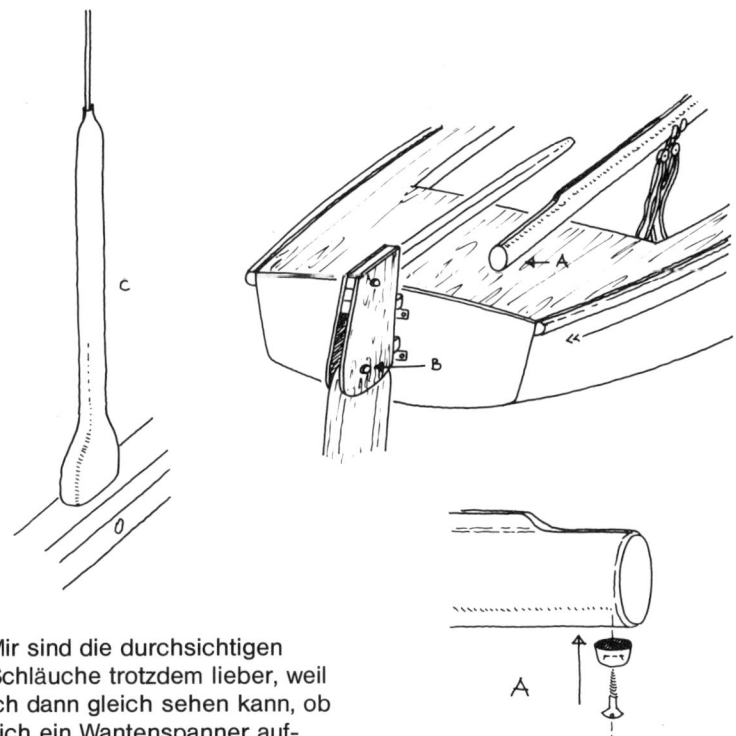

Mir sind die durchsichtigen Schläuche trotzdem lieber, weil ich dann gleich sehen kann, ob sich ein Wantenspanner aufgedreht hat oder ein Sicherungsring fehlt.

kierte Achterdeck knallen lassen oder das noch nicht einge-hängte Jollenruder über die Bodenbretter schieben. Lebensrettend für den armen Laien ist z. B. ein einfacher Gummipuffer, der unten an der Großbaumnock angeschraubt wird (A).

Alle Schraubenmuttern und herausstehende Schraubenbolzen sollten mit Plastikkappen aus dem Zubehörhandel abgedeckt werden (B).

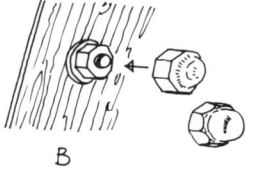

B

Alles das ist aber umsonst, wenn Sie mit ihren Seestiefeln oder Bordschuhen durch Sand oder Kies laufen und dann an Bord gehen. Auch Abspülen im Wasser hilft nicht gegen die im Profil der Schuhe festgeklemmten Steinchen. Da müssen Sie schon die Schuhe ausziehen, ins Wasser halten und die Sohle eine Zeitlang in alle Richtungen biegen, damit die Steine herausfallen.

Wo die Ankerleine über die lakkierte Scheuerleiste läuft, kann man eine kurze Messingschiene zur Schonung der Oberfläche anschrauben (C).

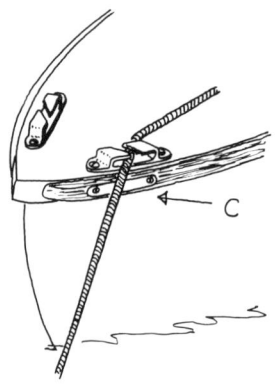

C

Saubere Kajüte

So vielversprechend der Segler-
nachwuchs ist, so hartnäckig
sind auch die Zeugnisse seiner
Tätigkeiten: Krümel von Zwie-
back, Keksen und Kuchen,
Sand und Steinchen vom Ufer,
zertretene Muschelschalen.
Glücklich die Väter, deren Boote
über eine eigene Elektroversor-
gung verfügen. Hier kann ein
einfacher kleiner Auto-Staub-
sauger angeschlossen werden,
um die Kajüte wieder bewohn-
bar zu machen.
Einfacher und erstaunlich effek-
tiv geht es auch mit einer soge-
nannten »Tischkehrmaschine«,
mit der man Kojenpolster und
Kajütteppich abkehrt.

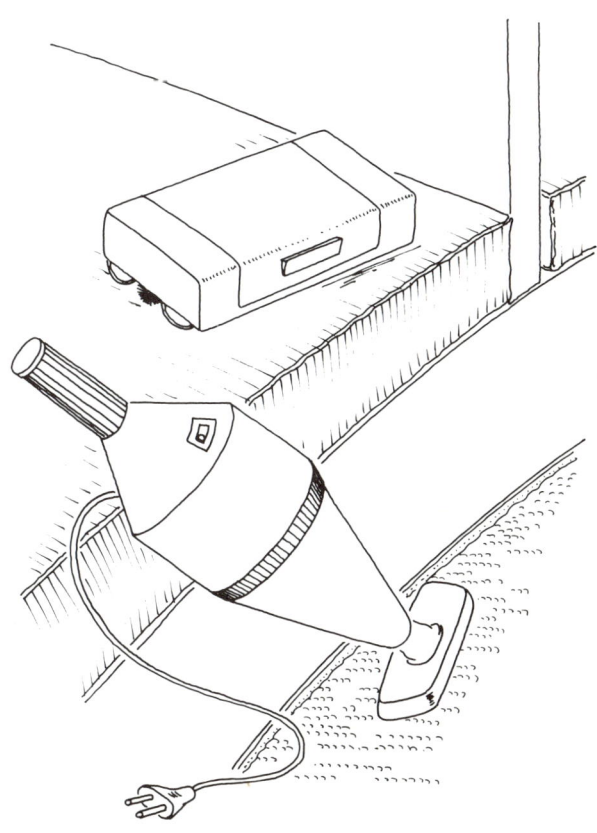

Slippen leichtgemacht

Eine geeignete befestigte Fläche zum Aufslippen des Bootes vor dem Winterlager ist nicht immer und überall zu finden. Wenn man aber ans unbefestigte Ufer oder an den Sandstrand ausweichen muß, geht das Slippen so lange gut, bis das Boot fast aus dem Wasser ist und das volle Gewicht auf dem Wagen ruht. Dann wühlen sich die Räder bis zu den Achsen in den Untergrund – und nichts geht mehr.

Hier haben sich sogenannte »Luftlandebleche« bewährt, die man in Handlungen für ausrangiertes Militärzubehör oder bei Expeditionsausrüstern bekommt. Nehmen Sie aber nicht solche aus Stahlblech, weil sie viel zu schwer sind, sondern trotz des Aufpreises Luftlandebleche aus Aluminium. Man erhält sie in Längen bis zu 4 m.

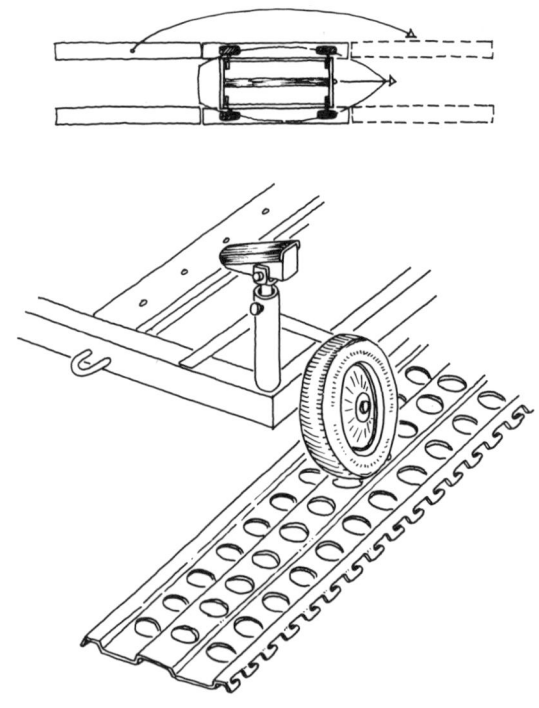

Klar zum Slippen

Beim Aufslippen des Bootes muß der Kiel genau auf dem mittleren Auflager des Wagens stehen. Das Boot genau einzuschwimmen, bereitet in der Regel keine großen Schwierigkeiten, wenn man sich merkt, wo die Auflager am Rumpf anliegen müssen oder sogar kleine Markierungen am Rumpf angebracht hat. Nur kann das Boot vor allem bei Wind und Wellengang schwer in der richtigen Lage gehalten werden, bevor es sicher aufliegt.

Führen Sie deshalb die Festmacher vom Slipwagen nicht senkrecht nach oben zum Boot, sondern diagonal, wie Abb. A zeigt. So läßt sich das Boot viel genauer dirigieren.
Das gleiche Prinzip gilt ja auch beim Festmachen in engen Hafenplätzen, wo das Boot möglichst wenig seitlichen Spielraum haben soll (Abb. B).

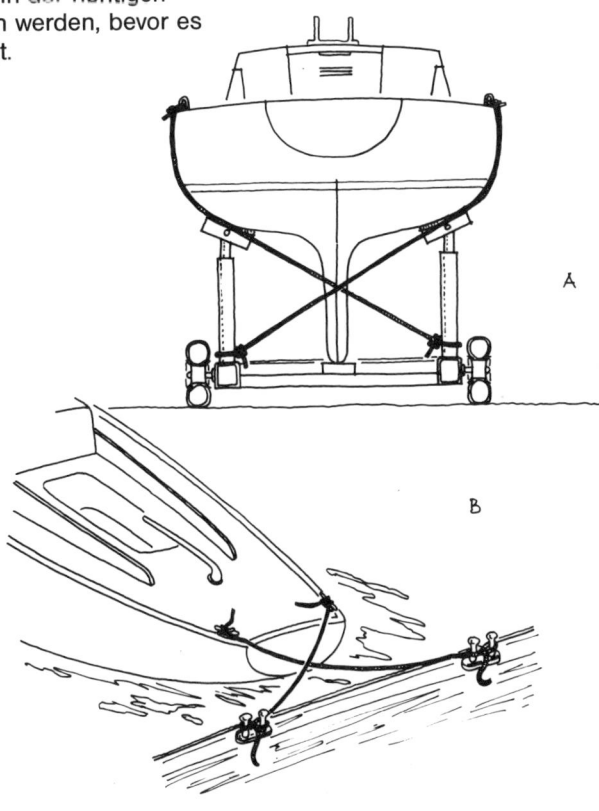

A

B

Praxis

Das letzte Kapitel behandelt die vielen Kleinigkeiten, die im Lauf einer langen Praxis als störend und lästig empfunden werden, und deren Verbesserungsmöglichkeiten.

Oder auch bestimmte Methoden bei der Handhabung des Bootes und bei der Ausführung von Manövern, wobei das nicht immer den Grundsätzen der Seemannschaft und des in der Segelschule Erlernten entsprechen muß.

Ich war z. B. einmal entsetzt, als ich einen Laser-Segler bei Starkwind halsen sah: Nichts von »Großschot dicht« und »Baum mittschiffs«, »rund achtern« und »auffieren«. Er legte bloß hart Ruder bei voll aufgefierter Schot und duckte sich im richtigen Moment, als der Baum rüberkam. Den gefürchteten Ruck in der Schot gab es nicht, weil das Boot so schnell gedreht hatte, daß es schon quer zum Wind lag und das Segel in Halbwindstellung stehenblieb. Dann nahm er einfach die Schot fest in die Hand, fiel wieder ab und rauschte davon.

Fock bergen

Nach »Seemannschaft« schießt man zum Bergen des Vorsegels in den Wind, so daß das Segel mittschiffs kommt und killt. Dann wird das Fall losgeworfen und das Segel an Deck geholt. Das funktioniert aber nur, wenn das Niederholen der Fock sehr schnell geht und wenn das Boot einen aufmerksamen Steuermann hat. Meistens aber läßt sich das Boot nur kurz im Wind halten und fällt gerade dann von selbst wieder ab, wenn das Vorsegel noch nicht ganz unten ist. Dann weht der Wind das Segel über Bord, und der arme Vorschoter kämpft mit dem losen Tuch.

Vor allem beim Segeln mit unerfahrenen Mitseglern oder beim Einhandsegeln hat es sich bewährt, vor dem Bergen der Fock über Stag zu gehen, die Fock aber in Luv mit dichtgeholter Schot stehen zu lassen, so wie beim Beidrehen. Jetzt kann die Fock in Ruhe geborgen werden, es flattern einem keine Schoten um die Ohren, und das Segel kann nicht über Bord geweht werden. Bis die Fock ganz unten ist, muß die Pinne nach Lee gelegt bleiben.

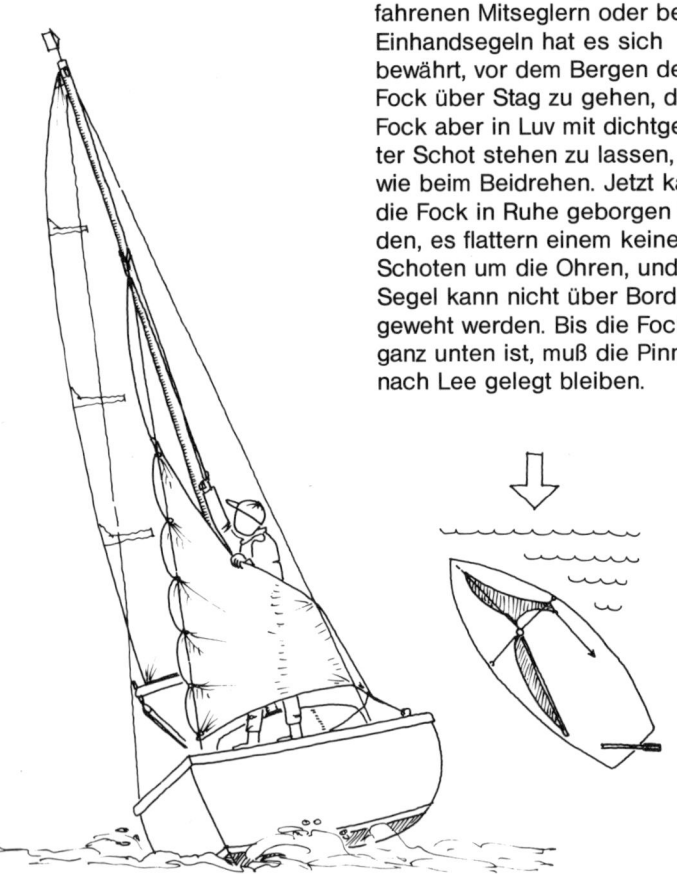

Fock gesichert

Wenn das Vorsegel nach dem
Niederholen nicht ganz abge-
schlagen werden soll, sondern
später wieder gesetzt wird und
am Vorstag angeschlagen
bleibt, muß man es gegen Aus-
wehen sichern.

Dazu muß das Fockfall (1) mit
einem Gummistropp (2) nach
unten gezogen und gehalten
werden. Das lose Segeltuch hält
man mit Gummistropps (3)
zusammen, die ständig an der
Fußreling oder an kleinen Aug-
bolzen angeschlagen sind.
Zusätzlich wird noch die Schot
(4) dichtgeholt und so belegt.

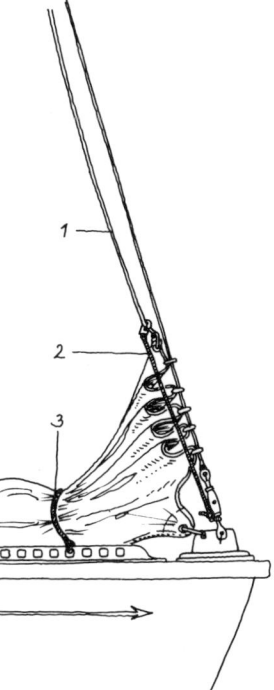

1

2

4   3

Klampen

Wenn Klampen ausgewechselt oder neue montiert werden sollen, empfehle ich, nicht solche Klampen zu verwenden, die einen massiven Fuß haben (A und C). Besser sind Klampen, die im Fuß eine Durchführung aufweisen. Diese gibt es z. B. aus Aluminium (B) oder Kunststoff (D). Sie haben den Vorteil, daß man eine Leine auch durch diese Durchführung scheren kann und die Klampe so zur Behelfs-Umlenkrolle wird. Beim Einsatz als Fallklampe am Mast kann das Fall durch die Klampe geschoren werden. Mit einem Achtknoten wird so das Ausrauschen des Falls verhindert. Beim Kauf sollten Sie darauf achten, daß nicht nur die Stege, sondern auch die Füße der Klampen sauber abgerundet sind und keine Grate haben.

Fallen umgelenkt

Beim Durchsetzen von Fallen am Mast kann man mehr Kraft einsetzen, wenn das Fall von unten geholt werden kann. Viele Segler legen deswegen das Fall unten um die Klampe herum wie in Abb. 1. Bei Kunststoffklampen erlebt man dann nach einiger Zeit sein blaues Wunder, weil die Fallen die Klampen durchscheuern. Besser ist es, wenn man unter der Klampe am Mastfuß eine Umlenkrolle montiert, durch die dann das Fall geschoren wird (Abb. 2). Auch hier nicht den Achtknoten gegen Ausrauschen vergessen!

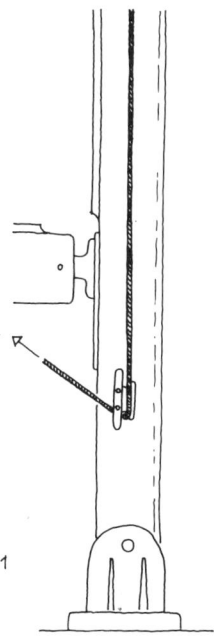

1

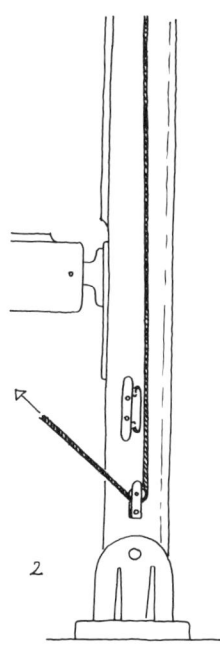

2

Vorsegel-Trimm

Viele einfache kleine Boote haben für die Fockschoten keine verstellbaren Holepunkte. Auf dieses wichtige Zubehör kann verzichtet werden, wenn man zwischen Bugbeschlag und Vorsegel-Hals ein Stück Kette einschäkelt (Abb. 1). Damit kann jetzt das Vorsegel bei zu losem Achterliek (Abb. 2) so hoch gesetzt werden, daß der Anstellwinkel der Schot stimmt und die Fock optimal getrimmt ist.

Außerdem hat man so unter der Fock eine bessere Sicht nach vorn und nach Lee.

Für Regattasegler ist das aber natürlich nichts, weil zum schnellen Segeln die Fock bzw. die Genua möglichst dicht auf dem Vordeck anliegen soll.

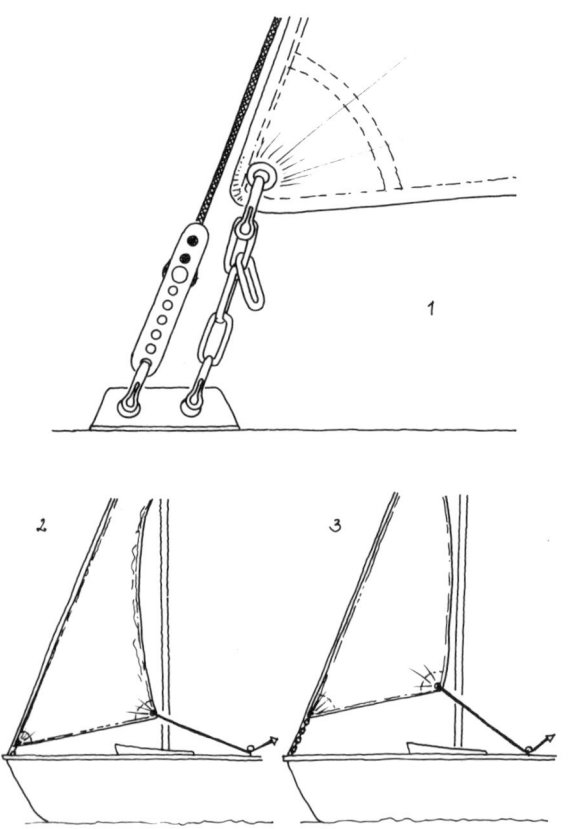

1

2

3

Fockbaum

Zum Ausbaumen der Genua auf Fahrtenbooten läßt sich der Bootshaken gut verwenden. Er hat aber den Nachteil, daß die Länge zwar für die Genua stimmt, für die Fock aber ist er dann zu lang, und das Segel steht zu weit vorn.

Auf meinem Boot habe ich mir am Bootshaken einfache Bügel aus Stahlblech angeschraubt, in der richtigen Entfernung für die Normalfock und die Sturmfock. Die Schot wird zum Ausbaumen des Vorsegels einfach unter den Bügeln eingeklemmt, wie die Zeichnung zeigt.

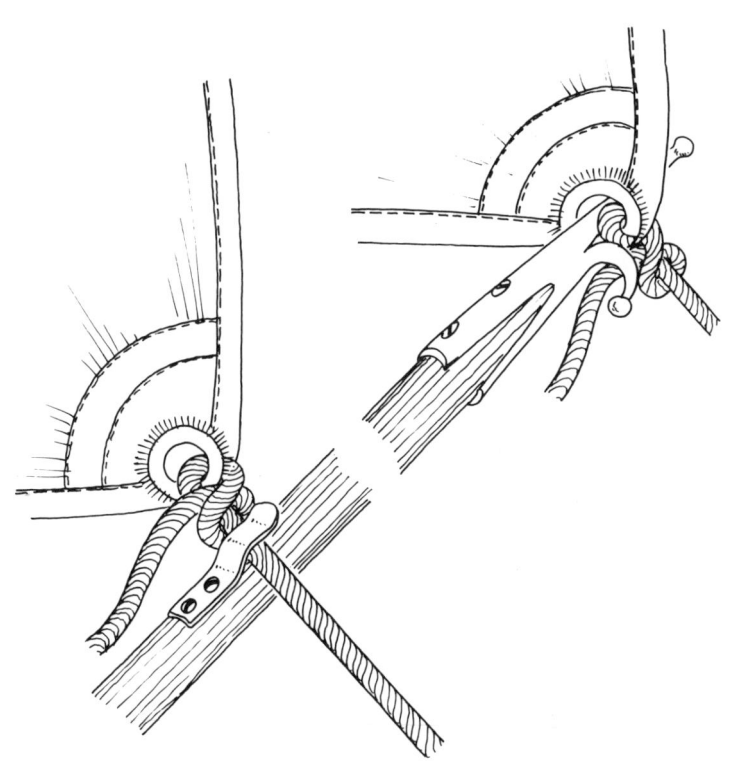

Spinnaker-Beschläge

Jedem Spinnaker-Neuling ist
das bestimmt schon passiert:
Fall und Schoten sind einge-
schäkelt, der Baum liegt klar,
die Besatzung ist aufgeregt.
Beim Vorheißen stellt sich dann
heraus, daß das Fall am Schothorn eingepickt war, und
beschämt wird das Segel wieder geborgen.

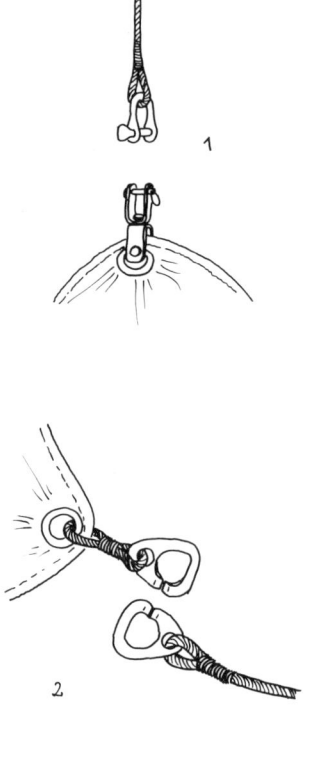

1

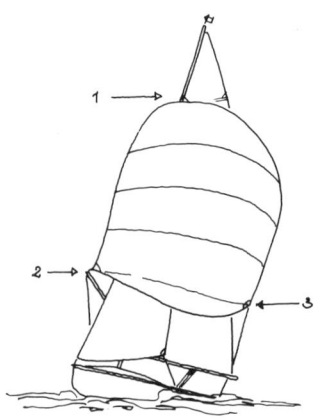

2

Um so etwas zu vermeiden und
damit auch die Schothörner
immer an den zugehörigen
Schoten sitzen, sollte man ver-
schiedenartige Beschläge verwenden, z. B. für das Fall einen
Schlüsselschäkel und einen
Wirbel, für die Schoten Brum-
melhaken auf der einen und
Schnappschäkel mit Ring auf
der anderen Seite. So kann es
nie zu peinlichen Verwechslun-
gen kommen.

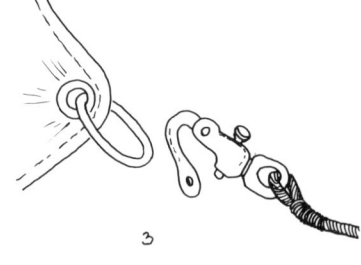

3

Spinnaker-Baum

Auf kleineren, einfachen Booten ist es nicht notwendig, für den Spinnakerbaum aufwendige Beschläge, Schlitten, Rutscher, Toppnant und Niederholer mit getrennten Führungen usw. anzubringen.

Eine einfache, aber bewährte Spinnakerbaum-Einrichtung ist hier gezeigt: der Baum (A) hat an beiden Enden Kunststoffbeschläge (B), mit denen er im Mastbeschlag (C) bzw. mit dem anderen Ende am Schothorn eingehängt wird. In der Mitte des Baums wird eine Kneif-Klampe angebracht (D). An einem oberen Mastbeschlag (E) ist als Toppnant (F) eine starke Gummileine befestigt, die kurz über der Kneifklampe in den Niederholer (G) eingespleißt wird. Als Anschlag für diese Klampe werden mehrere Acht-knoten in den Niederholer gesteckt. Am Mastfuß läuft der mit dem Toppnant kombinierte Niederholer durch einen weite-

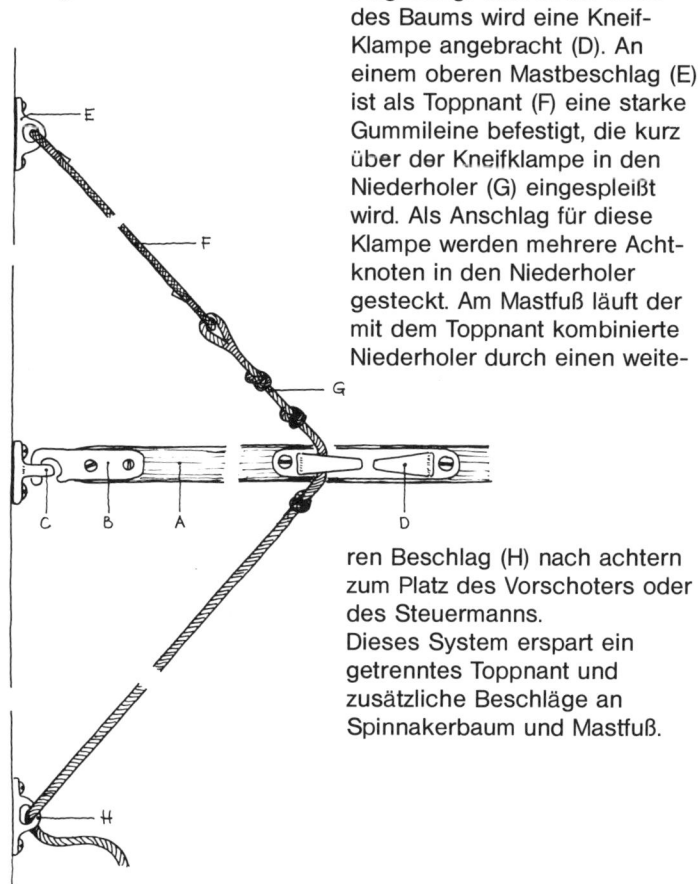

ren Beschlag (H) nach achtern zum Platz des Vorschoters oder des Steuermanns.
Dieses System erspart ein getrenntes Toppnant und zusätzliche Beschläge an Spinnakerbaum und Mastfuß.

Schäkel-Sicherungen

Normale Schäkel mit Gewindebolzen kann man noch so fest zudrehen, irgendwann drehen sie sich im unrechten Moment dann doch von selbst wieder auf.

Das ist besonders gefährlich beim Bojengeschirr, bei Festmachern, Fallen, Schotblöcken usw.

Sichern Sie die Schäkel mit Draht (1), durch einen kleinen Schäkel (2), mit einem Federring (3) gegen unbeabsichtigtes Aufdrehen, oder verwenden Sie die allerdings wesentlich teureren Schlüsselschäkel (Abb. 4), deren Bolzen unverlierbar ist und in einer Kerbe am Bügel des Schäkels einrastet.

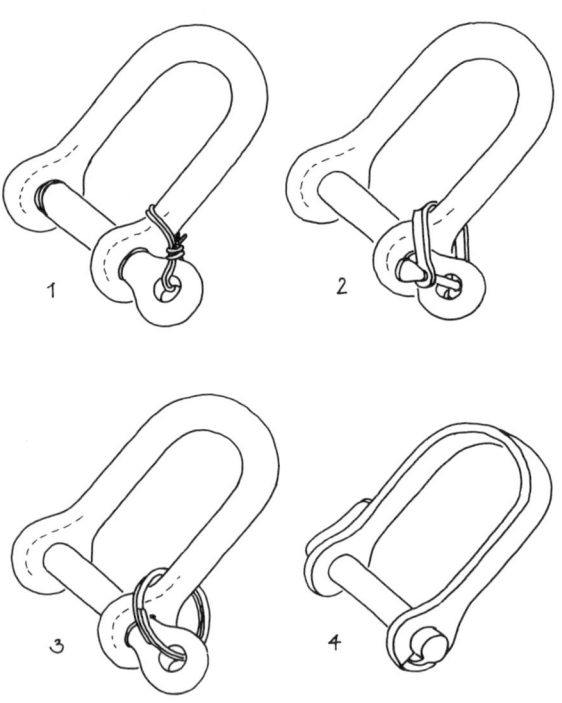

Schrauben-Sicherungen

Grundsätzlich müssen an Bord alle Schraubenbolzen und Muttern gegen unbeabsichtigtes Aufdrehen gesichert sein. Dazu gibt es verschiedene Möglichkeiten:

Bild A zeigt die Lösung mit »Kontermuttern«. Sie wendet man dann an, wenn der Bolzen nicht festgezogen werden darf, also z. B. beim Mastbolzen im Mastfuß oder bei der Achse des aufholbaren Ruderblatts.

Wenn die Schraubverbindung nicht jederzeit lösbar sein muß, kann man mit einem Körner zwischen Bolzen und Mutter eine Vertiefung einschlagen, so daß sich die Mutter nur noch unter Anwendung roher Gewalt wieder aufdrehen läßt (Abb. C).

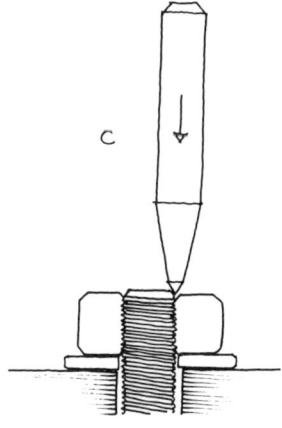

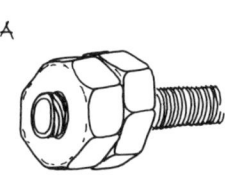

Abb. B zeigt Unterlegscheiben als Feder- oder Sprengringe, die ein Aufdrehen der Mutter verhindern. Allerdings erzeugen sie im Anstrich oder auf der eloxierten Aluminiumoberfläche Druckstellen und Kratzer.

Bei nur einseitig zugänglichen Verschraubungen, wo man den Bolzen beim Zudrehen der Mutter nicht festhalten kann, müssen Bolzen mit vierkantigem Schaft verwendet werden, die sich in der Durchbohrung festkeilen und nicht mitdrehen (Abb. D).

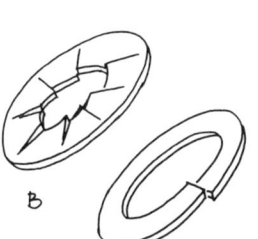

Auf elegante Art können Verschraubungen gegen Aufdrehen gesichert werden, wenn man selbststoppende Muttern verwendet (Abb. E). Sie besitzen

einen Kunststoff-Einsatz, der die zugedrehte Mutter festhält. Solche Muttern sind aber nur begrenzt wiederverwendbar, wenn man die Verbindung lösen muß, weil der Kunststoff-Einsatz schnell verschleißt.

ten. Bei vielen Booten genügt die kleinste Schaukelbewegung oder schon leichte Lage des segelnden Bootes, daß der Deckel zuknallt.
Nachdem ich mir so mehrmals die Finger eingeklemmt hatte, habe ich seitlich in der Aufkantung des Deckels ein Loch gebohrt und einen kurzen Stropp mit eingespleißtem Auge eingeknotet. Dieses Auge wird bei geöffneter Backskiste über die Fockschotwinsch gelegt und verhindert ein Zufallen des Deckels (Abb. 1).
Eleganter geht es mit handelsüblichen Aufstellbeschlägen, die seitlich innen am Deckel montiert werden und bei geöffnetem Deckel einrasten (Abb. 2).

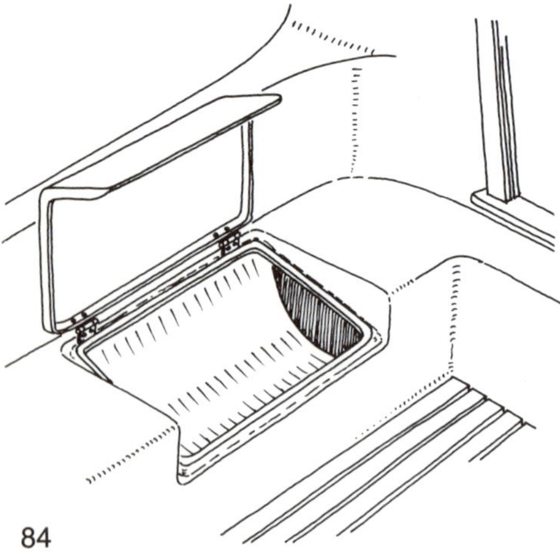

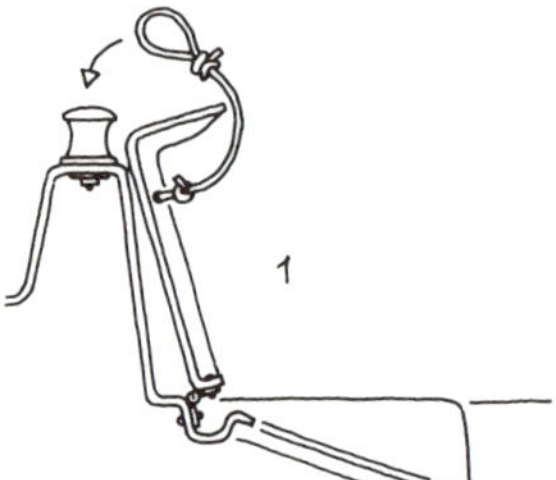

Backskistendeckel-Sicherung

Beim Kramen in der Backskiste fehlt meistens die dritte Hand, um den Deckel geöffnet zu halten.

1

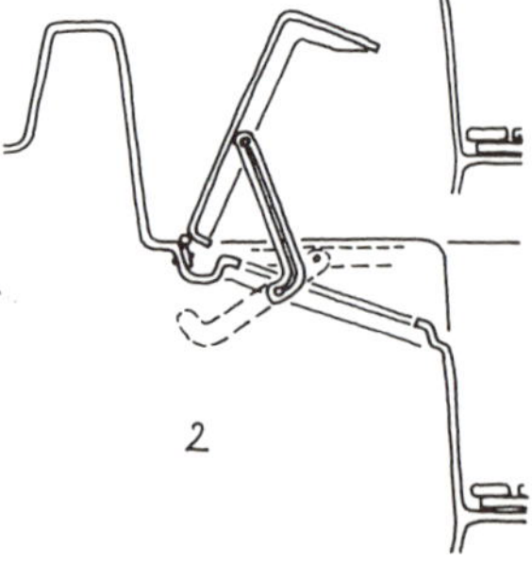

2

Ein Platz für Bootshaken
Bootshaken müssen schnell
erreichbar und jederzeit einsatz-
bereit sein. Schwierig ist es
immer, für diesen wichtigen,
aber sperrigen Ausrüstungs-
gegenstand einen geeigneten
Platz zu finden, der den genann-
ten Anforderungen genügt.

unter Deck unterbringen. Ein
guter Platz hierfür ist über der
Koje, unter dem Seitendeck
(Abb. 2). Hler wird der Bootshaken mit Federklemmen gehalten (Abb. 3), aus denen er leicht
nach unten herausgezogen werden kann. Denken Sie daran,
vor Anlegemanövern den Boots-

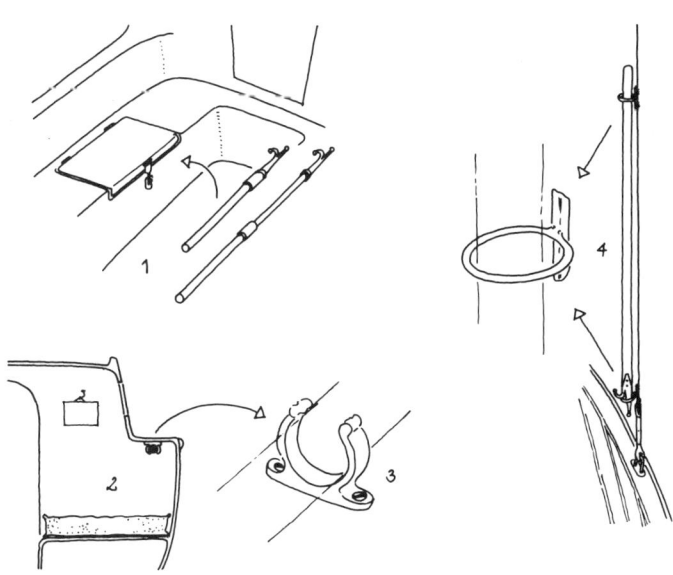

In der Backskiste lassen sich
nur die neuartigen »Teleskop-
Bootshaken« unterbringen, die
sich auf fast die doppelte Länge
ausziehen lassen. In der Backskiste muß der Bootshaken aber
gut erreichbar gestaut sein
(Abb. 1).
Bei kleinen Kajütbooten kann
man den Bootshaken auch

haken rechtzeitig klarzulegen.
Für die Befestigung am Want
gibt es ringförmige Beschläge
mit einer Platte (Abb. 4), die mit
Takelgarn oder Klebeband am
Want befestigt werden.
Man kann sich auch Halterun-
gen aus Holz anfertigen, die
Aussparungen für Ende und
Spitze des Bootshakens haben.

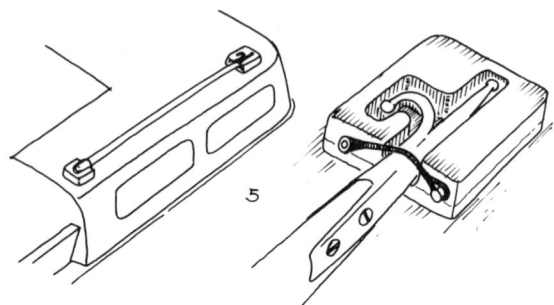

Die Spitze des Bootshakens muß ganz in der Halterung verschwinden, damit sich nichts vertörnt (Abb. 5).

Essen bei Lage

Beim Essen auf See oder auch im unruhigen Hafen kann es passieren, daß einem unversehens der Tellerinhalt auf dem Schoß landet.
Ein bewährtes Mittel dagegen ist ein angefeuchtetes Tischtuch, das das Rutschen von Tellern und Tassen verhindert (Abb. 1).
Man kann aber auch ein Stück rutschhemmende Unterlage für Teppichböden verwenden, das in der passenden Größe zugeschnitten ist. Weil aber die rutschhemmende Wirkung dieses Materials nur dann gegeben ist, wenn es belastet ist, muß die Unterlage mit Tischtuchklammern am Tischrand festgeklemmt werden (Abb. 2).

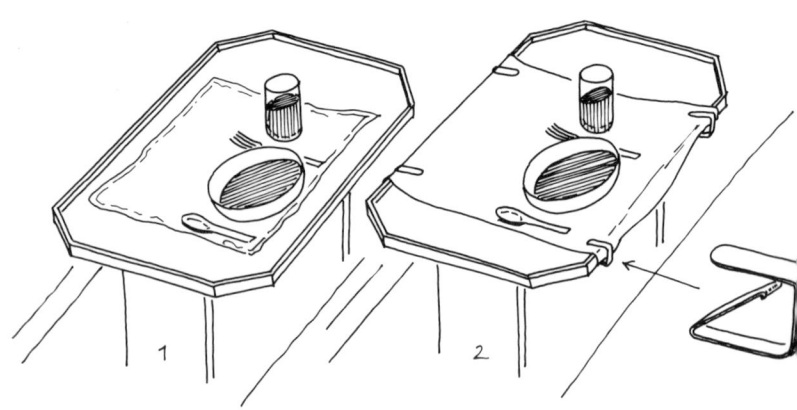

Gesicherte Schubladen

Schubladen auf Booten sind so lange eine feine Sache, bis das Boot segelt. Dann gehen sie früher oder später auf und verstreuen ihren Inhalt malerisch in der Kajüte, wenn sie nicht gesichert sind.

Das unbeabsichtigte Herausziehen der ganzen Schublade verhindert man durch einen kleinen Riegel, der an der Oberkante des Schrank-Ausschnitts angebracht wird und die Rückwand der Schublade festhält (Abb. A).

Bei der in Abb. B gezeigten Methode muß der Schrank-Ausschnitt etwas vergrößert werden, und die Seiten der Schublade müssen nach unten überstehen. Hier werden sägezahnähnliche Aussparungen eingesägt, die die Schublade in verschiedenen Stellungen zwischen geschlossen und ganz geöffnet fixieren.

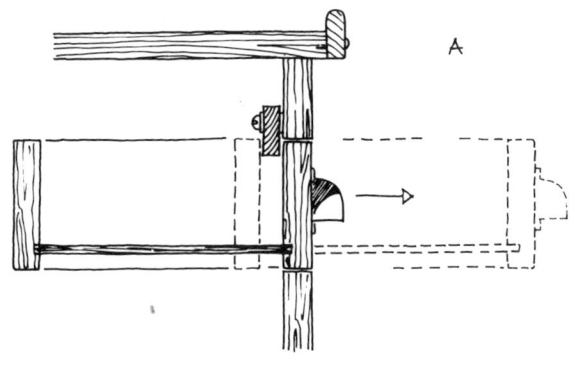

A

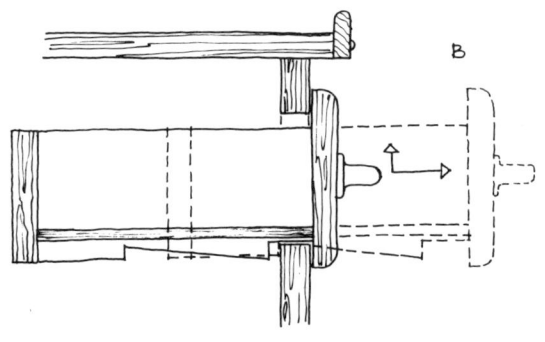

B

Verklicker

Das leichte Nylon-Tuch des Verklickers hat die unangenehme Eigenschaft, auszufransen und gegen Ende der Saison nur noch fragmentarisch vorhanden zu sein. Diese Zerfallserscheinungen kann man hinauszögern, wenn man die Kanten des Verklickertuchs mit einem Feuerzeug vorsichtig anschmelzt (Abb. 1).
Vor allem nachts sind die Geräusche lästig, die der im Wind flatternde Verklicker erzeugt und die sich über den Metallmast bis in den Bootsrumpf übertragen. Die Abhilfe zeigt Abb. 2: Der Verklicker (A) wird mit der Halterung (B) nicht direkt am Mast befestigt, sondern an einem Hartgummiklotz (C), der wiederum mit eigenen Blechschrauben am Mast (D) angeschraubt wird. So kann keine direkte Schallübertragung entstehen.

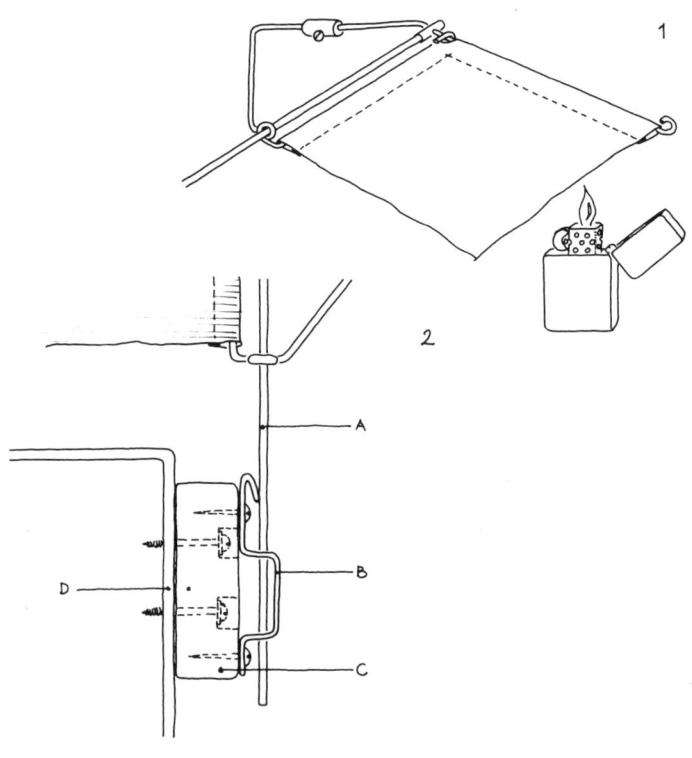

Teilbare Mastschere

Wer oft den Mast legen muß, steht auf kleineren Booten vor dem Problem, wo die sperrige, lange Mastschere gestaut werden kann.

Ich habe mir eine teilbare Mastschere gebaut, die leicht in die Backskiste paßt.

Sie besteht aus den beiden oberen Leisten, die bei (A) mit einer Achse aus einer starken Maschinenschraube mit Mutter und Kontermutter verbunden sind. Die nach oben herausstehenden Enden werden dem Mastprofil angepaßt.

Die beiden unteren Leisten werden mit zwei Flügelschrauben (B) befestigt. Die Unterseite ist mit Moosgummistreifen (C) beklebt, so daß nichts verkratzen kann.

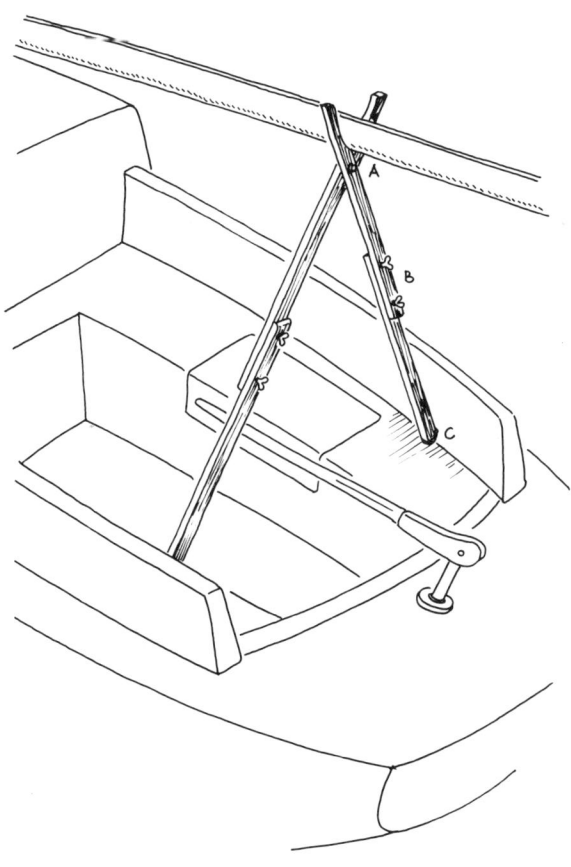

Gewebegurte

Die starken Gewebegurte aus Kunstfasern, die der Handel in vielen Ausführungen anbietet, können an Bord vielseitig eingesetzt werden.

Ausreitgurte, Sicherung von Benzin- und Wassertank, Schlaufen zum Aufhängen von Paddel, Bootshaken, Spinnakerbaum, Taschen für Rettungsringe und Rettungs-Hufeisen kann man damit anfertigen.

Die Schlaufen lassen sich sehr einfach mit einer Blindniet-Zange anbringen (Abb. A). Zum Sichern des Benzintanks z. B. wird das Band durch Bügelbeschläge geführt und mit Hilfe einer Gurtschnalle verschlossen und festgezogen (Abb. B).

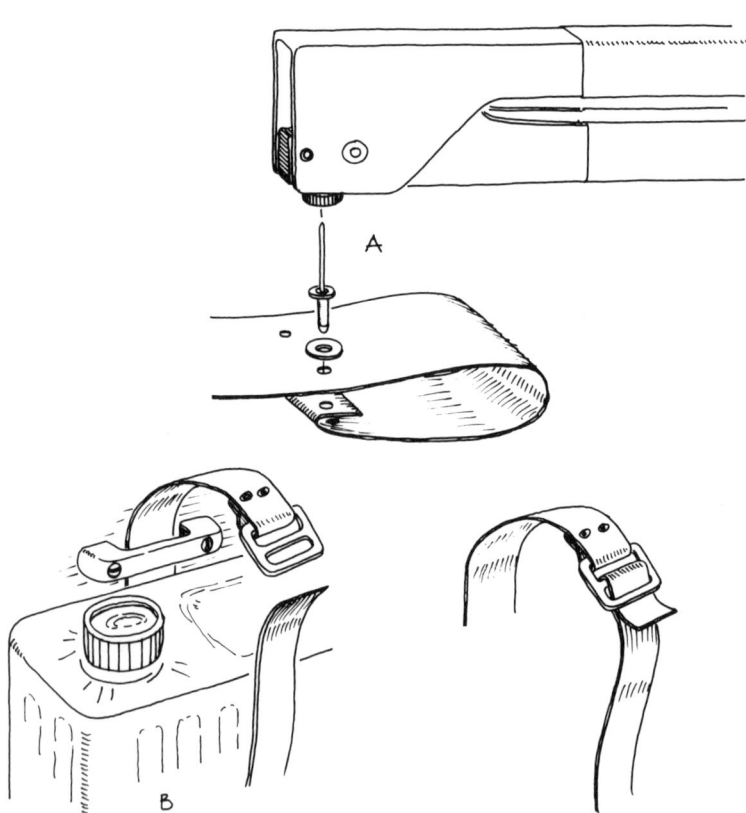

Hafenpersenning

Eine Persenning über der Plicht leistet gute Dienste als Regenschutz, zur Erweiterung des Lebensraums bei Schlechtwetter und als Sonnenschutz in südlichen Breiten.

Lassen Sie sich nach Ihren Maßangaben eine Persenning nähen und an allen vier Ecken sowie in den Mittelpunkten der Schmalseiten Ösen aus Messing einschlagen. An den letzteren werden Leinen eingeknotet, die die Persenning zwischen Achterstag und Mast (A und B) halten. Zwei Rundhölzer mit Stiften an beiden Enden (D) spreizen die Persenning auseinander.

Zum Festmachen der vier Ecken kann man Gummistropps verwenden (C).

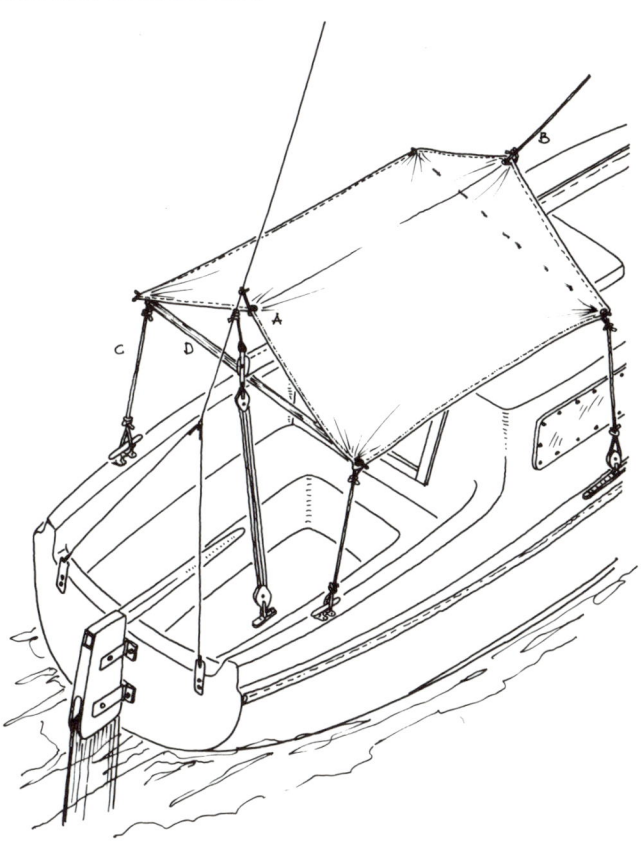

A

B

C

Möwenschutz

Ich kenne viele Bodensee-Seg-
ler, – und ich gehöre selbst
dazu –, die beim Anblick von
Möwen Mordgelüste bekommen.
Läßt man hier nämlich ein Boot
auch nur für eine Nacht unge-
schützt an der Boje liegen, hat
man am nächsten Tag recht
lange damit zu tun, die Hinter-
lassenschaften der Tiere mit
Bürste und Wasser zu beseiti-
gen. Auf lackierten Flächen
kann der Möwenkot sogar rich-

tige Löcher in den Lack ätzen. Drei Methoden haben sich bewährt, um die Möwen daran zu hindern, ein Schiff als Toilette zu mißbrauchen: Das Kreuz-und-quer-Spannen von Schoten und Leinen (A), das Eindecken des Bootes mit einem Netz, wie es auch über Obstbäume gehängt wird (B), und das Aufhängen von pendelnden Fendern knapp über Deck, Plicht und Kajüte (C), was aber nur bei Wellengang funktioniert.

Wenn Sie, sehr geehrter Leser, etwas besseres ausgetüftelt haben, wäre ich für Ihren Rat sehr dankbar.

Notizen

Kajütstisch
schlitze für Tischdecke

Notizen

»Klar Schiff« mit diesen praktischen Helfern

Gerhard Meyer-Uhl

Die praktische Skipper-Fibel

Diese Skipper-Fibel ist ein fundierter Leitfaden, der in keiner Segler- oder Bordbibliothek fehlen sollte.
Sie enthält in knapper, übersichtlicher Form alles, was ein Sportschiffer zur Vorbereitung und Durchführung eines Segeltörns wissen und können muß – und was er in Zweifelsfällen immer wieder nachschlagen wird.

Schiffsführung und Verkehrsrecht, Flaggenführung und Leuchtfeuer, Wetter, Küsten- und Astronavigation, Sicherheit auf See, Medizin an Bord, Umgang mit Behörden und Zoll – dies sind nur einige Beispiele für die Vielfalt der Themenbereiche, die in diesem Buch ausführlich behandelt und durch Grafiken verdeutlicht werden. Wichtige Informationen über das Chartern, die Törnvorbereitung und die Sturmvorbereitung vermitteln entsprechende Checklisten. Ein Sachwortverzeichnis ermöglicht das rasche Auffinden der gesuchten Begriffe.

160 Seiten, 130 Zeichnungen

Irving Tom Burgess

Die praktische Knoten-Fibel

knoten, schlingen, spleissen

Dieses Buch ist eine in jahrelanger Praxis erprobte Anleitung zum Knoten, Knüpfen und Spleissen, die nicht nur für angehende Segler, sondern auch für Angler, Jäger und Bergsteiger geeignet ist.

Neben den einfachen Knoten und Steken werden die kompliziertesten Möglichkeiten gezeigt und beschrieben, z. B. Zöpfe und Matten zu flechten, zu weben und geflochtenes Kunstfaserwerk zu spleissen. Das Buch geht auch auf die unterschiedliche Behandlung von Natur- und Kunstfaserleinen sowie auf Drahttauwerk ein. Die theoretischen Anleitungen werden mit anschaulichen Abbildungen verdeutlicht. Ein Stichwortverzeichnis erleichtert das Auffinden aller Knoten und erklärt spezielle Fachausdrücke.

2. Auflage, 128 Seiten, 235 Zeichnungen

BLV Verlagsgesellschaft München